LES
ÉTAPES D'UN VOLONTAIRE

TROISIÈME SÉRIE

MOINE ET SOLDAT

PAR PAUL DUPLESSIS

Prix : 50 c.

PARIS

ALEXANDRE CADOT, ÉDITEUR

37, RUE SERPENTE, 37

MOINE ET SOLDAT

TROISIÈME PARTIE DES ÉTAPES D'UN VOLONTAIRE

PAR PAUL DUPLESSIS.

I

En quittant mon cousin, je fus faire un tour dans la ville pour essayer de dissiper, par la promenade, la mauvaise humeur que me causait la faiblesse que j'avais montrée en n'osant pas refuser l'invitation du représentant. Toutefois, en réfléchissant que déjà à Avignon j'avais dîné plusieurs fois avec les membres du comité révolutionnaire et de surveillance, je finis par m'avouer que mes scrupules étaient un peu tardifs, et je me promis de mettre à profit l'obligation qui m'était imposée pour étudier de plus près les gens du pouvoir.

Au total, jamais encore je n'avais eu l'honneur d'être admis dans la familiarité d'un personnage aussi haut placé que l'était un représentant du peuple envoyé en mission par la Convention. C'était une bonne fortune à ne pas négliger.

Fatigué par deux heures de marche, je me dirigeais vers mon auberge, lorsque je rencontrai une brigade de gendarmerie.

Je remarquai que la vue de la force publique troublait étrangement les rares habitants qui osaient prendre le frais devant leurs portes. A cette époque de la terreur, où la conduite la plus inoffensive et la conscience la plus pure ne garantissaient personne des atteintes de la loi, il est naturel que chacun tremble.

En observant, tout en suivant les gendarmes, leur contenance, je ne tardai pas à acquérir la conviction qu'ils allaient opérer une arrestation; non pas que leurs visages reflétassent la moindre lueur de sensibilité, — les gendarmes, instruments impassibles de la loi, sont trop habitués à de semblables missions pour que leur accomplissement puisse les toucher, — mais, au contraire, parce que leur air me parut plus sévère et plus rigide que de coutume.

En effet, je ne me trompais pas.

Arrivé devant la boutique d'un passementier, la brigade s'arrêta, et l'adjudant qui la commandait entra seul dans la boutique.

Soit que le pas cadencé de cette troupe d'hommes armés eût attiré l'attention des voisins, soit que la plupart des habitants de la ville fissent le guê derrière les contrevents fermés des jalousies de leurs fenêtres, soit tout autre motif; toujours est-il que la brigade n'était pas arrêtée depuis une minute, que déjà la rue était remplie d'une foule nombreuse de gens de toute sorte.

— Savez-vous ce qui se passe? demandai-je à un bobelineur qui, la bouche ouverte et le col tendu, se tenait sur le seuil de son échoppe.

— Je l'ignore, citoyen, me répondit-il. Il paraît toutefois, que c'est Lemite que l'on vient arrêter.

— Vous devez connaître ce Lemite, puisqu'il est votre voisin? Quelle espèce d'homme est-ce?

— Oh! je le connais... c'est-à-dire que je le vois par-ci par-là, par hasard, me répondit le bobelineur, en me regardant en dessous avec un air de crainte visible. Vous comprenez que puisqu'on l'arrête en ce moment, ce ne peut être un honnête citoyen.

Deux jeunes et fort jolies personnes, dont la plus âgée pouvait avoir vingt ans, et la plus jeune dix-huit, suivaient en pleurant à chaudes larmes le malheureux passementier : on m'apprit qu'elles étaient ses filles.

— Ah! citoyens, je vous en conjure, dit l'aînée en s'adressant à la brigade, laissez-nous notre bon père; ne l'emmenez pas en prison, ou permettez que nous le suivions!

— Nous n'avons pas reçu l'ordre de l'emmener, citoyenne, répondit l'adjudant. Allons, éloigne-toi!

— Non, nous n'abandonnerons jamais notre père! s'écria à son tour la plus jeune des deux filles du passementier ; la force seule pourra nous arracher de ses bras!

— Eh bien, on emploiera la force, dit tranquillement l'adjudant.

— Quoi! vous oseriez séparer une fille de son père! Oh! non, votre cruauté tombera devant notre douleur et notre tendresse, s'écria la pauvre enfant en se jetant au cou de son père et en couvrant son visage de baisers et de larmes.

— Voilà assez de sensibleries comme cela. Allons, arrière, citoyenne, ou je me fâche, reprit le militaire avec dureté. Voyons, éloigne-toi!

La jeune fille, soit qu'elle fût tellement absorbée par sa douleur que ces paroles ne parvinrent pas jusqu'à elle, soit qu'elle n'en tînt pas compte, continua de rester dans les bras de son père.

— Ah! c'est trop fort! s'écria l'adjudant exaspéré, qui, se jetant sur elle, la saisit à bras le corps, et l'envoya rouler à deux pas plus loin au milieu de la rue.

Lorsque l'on releva la pauvre enfant, son visage était inondé de sang et elle avait perdu connaissance, car sa tête avait porté en plein sur un pavé.

— De grâce, citoyen, laissez-moi secourir ma fille! Oh! ne craignez rien, je n'essayerai pas de vous échapper. De grâce, cinq minutes, s'écria le malheureux père, en proie à la plus vive agitation.

— Plus un mot, et marche, ou l'on te bâillonne, lui répondit durement le gendarme.

— Mais, citoyen, ma fille se meurt! vous l'avez tuée!...

— Et quand même cela serait! Pourquoi a-t-elle pris ta défense? Marche, te dis-je!

— Mais vous êtes donc des tigres sans pitié?... Arrière! je veux voir ma fille! s'écria le passementier, qui, fou de douleur, se jeta avec une rage inouïe sur les gendarmes.

Une lutte aussi courte que terrible s'engagea : bientôt le malheureux père terrassé, couvert de sang et bâillonné, fut emporté par les gendarmes.

La foule gardait un morne silence.

Le lecteur comprendra sans peine l'émotion pénible que me fit éprouver cette scène de violence.

Ce qui me révolta plus encore peut-être que la froide cruauté des gendarmes, fut le profond égoïsme que montrèrent les voisins, les amis du malheureux Lemite. Pas un seul d'entre eux, dans la crainte sans doute de se compromettre en montrant de la pitié pour les filles d'un suspect, ne vint au secours des pauvres enfants que l'arrestation de leur père laissait sans protecteur. Incapable de contenir plus longtemps mon indignation, j'entrai dans la maison du passementier, et m'adressant à l'aînée de ses filles, qui, agenouillée près de sa sœur sans connaissance, pleurait à chaudes larmes en lui prodiguant les soins les plus touchants :

— Mademoiselle, lui dis-je, je ne suis qu'un simple officier, et ma position dans le monde ne me permet guère de me donner une grande influence. N'importe, je crois pouvoir vous assurer que je possède assez de crédit pour vous faire rendre votre père. Séchez vos larmes, et ayez confiance en Dieu; votre malheur, je l'espère, ne sera pas de longue durée.

Après avoir ramené un peu de calme dans l'esprit de la pauvre enfant, qui me remercia avec effusion de l'intérêt que je voulais bien porter à son père, je pris congé d'elle en l'assurant de nouveau que la détention de ce dernier ne se prolongerait pas au-delà de quelques jours.

J'aurais bien voulu, après le triste événement dont je sortais d'être le témoin, me dispenser d'assister au dîner de N***, mais la faveur du puissant chargé des pouvoirs de la Convention me devenant indispensable pour accomplir ma promesse, puisque de lui seul dépendait la mise en liberté du passementier, je résolus de faire tout mon possible pour capter ses bonnes grâces.

A trois heures précises j'arrivai dans ses salons, on allait se mettre à table.

Le représentant, dès qu'il me vit entrer, s'élança à ma rencontre, et m'embrassa de manière à m'étouffer, en me nommant le brave cousin de son fidèle Curtius. J'augurai bien de cet accueil pour mes démarches, et mon espérance s'accrut encore lorsqu'un domestique étant venu nous avertir que le dîner était servi, je vis le représentant me prendre par le bras et me placer à sa gauche.

Tous les convives, à l'exception de Jouveau et du président du comité révolutionnaire, placé à la droite de N***, m'étaient inconnus.

Le repas fut exquis : gibier, poisson, primeurs, vin vieux, rien ne manquait sur la table. Je dois ajouter que les habitants de la ville de Marseille n'avaient le droit d'acheter à cette époque que sept onces de pain par jour et par tête.

Une fois que le premier appétit des convives eut disparu, que la douce et excitante chaleur produite par les vins eut commencé à agir sur les cerveaux, la conversation, réduite d'abord à quelques monosyllabes, prit son essor et éclata en propos joyeux.

On allait servir le dessert quand une ordonnance entra et remit au représentant un paquet cacheté.

N***, furieux de se voir dérangé de ses plaisirs par les affaires, fronça les sourcils et décacheta le pli avec un mouvement de mauvaise humeur très-prononcé; mais, aux premières lignes qu'il lut, l'expression de son visage changea du tout au tout; il devint radieux.

— Partagez mon bonheur, ô mes amis, qui êtes aussi ceux de la République, nous dit-il; ce matin j'avais donné l'ordre d'arrêter trois abominables scélérats, trois conspirateurs! Deux d'entre eux, Roux, juge de paix, et Lemite, passementier, ont été trouvés chez eux, et sont maintenant entre les mains de la justice.

Le dîner achevé, on se leva de table et l'on passa au salon pour prendre le café.

— Je demande que notre réunion de famille se termine par des chants patriotiques, s'écria le président du comité du tribunal révolutionnaire.

Aussitôt deux voix s'élevèrent avec plus d'énergie que d'ensemble, et ce fut bientôt un vacarme à se boucher les oreilles.

Après un quart d'heure de hurlements, nous nous aperçûmes que le représentant N***, fatigué sans doute de la nuit blanche qu'il avait passée la veille, des discours prononcés pendant le cours du repas, et accablé surtout par la rare intrépidité qu'il avait déployée à l'attaque des vins, s'était endormi dans un fauteuil.

Craignant de troubler le repos d'un si auguste et si puissant personnage, les convives s'empressèrent de s'éloigner en silence et en marchant sur la pointe des pieds.

J'avoue que pour ma part je ne fus pas fâché de cette retraite : j'étouffais.

II

Le lendemain matin, je me rendis chez Jouveau vers les onze heures; mon cousin se levait. Pendant qu'il s'habillait, plusieurs solliciteurs ou amis lui firent passer leurs noms, et il ordonna qu'on les introduisît à tour de rôle : ne voulant pas le déranger, je m'en fus attendre l'heure du déjeuner dans les bureaux.

En entrant dans les bureaux du secrétariat, je trouvai l'expéditionnaire en chef de fort mauvaise humeur et se dépitant devant une feuille de papier couverte d'hiéroglyphes qu'il ne pouvait parvenir à déchiffrer.

— Le citoyen Curtius est certes un grand esprit, dit-il en m'apercevant; pour être un homme complet, il ne lui manque que quelques leçons d'écriture. Que le diable m'emporte si je sais comment mettre au net ce brouillon.

— Si vous voulez que je vous le dicte, car je suis habitué à l'écriture de mon cousin, vous n'avez qu'à parler, lui dis-je.

— Ah ! citoyen, vraiment vous me rendriez un grand service.

Je pris la feuille des mains de l'expéditionnaire et m'assis près de lui. Cette pièce, que je gardai après que le commis l'eut transcrite, était un tableau d'épuration des autorités constituées. Elle portait pour entête : « Titres et bases pour servir à l'épuration des fonctionnaires, etc., » et était divisée en sept colonnes. La première colonne contenait les noms propres, la deuxième les prénoms, la troisième l'âge, la quatrième le domicile, la cinquième la profession, la sixième les fonctions actuelles, et enfin la septième, qui était la plus large et la plus curieuse, était consacrée aux observations.

Je prends au hasard, comme échantillon des mœurs de notre époque, le premier nom venu qui me tombe sous les yeux.

Gracchus (Seigle-Arrosoir), 32 ans, de Murathen Laroche, fardeur de cornes, président du tribunal du district, a été condamné aux galères comme faux saunier par les ci-devants de la ferme générale; outre cette honorable flétrissure, il a pour lui de s'être prononcé depuis le 30 juillet, où il porta sur une pique la tête et le cœur du marquis de Chanteraine. Il dispose de la volonté et des bras de tous les sans-culottes de son faubourg.

Bon Montagnard. Accusé, néanmoins, d'avoir jadis été le valet de chambre et, plus tard, l'agent du ci-devant commandant du roi dans cette ville. Les preuves de cette trahison ont été administrées par un fédéraliste, par conséquent elles doivent être considérées comme nulles.

Accusé aussi d'avoir volé un caisson d'argenterie chez un émigré. Toutefois, comme les enfants de cet émigré représentent la partie plaignante, on peut hardiment considérer cette dénonciation comme une infâme calomnie.

Suivant les on-dit, mauvais fils, mauvais mari, mauvais père : tout le monde reconnaît qu'il est bon citoyen. — A fait plusieurs strophes en l'honneur du représentant N***. — Adressé une hymne à Marat. — Maintenu.

Cette courte biographie de l'honorable citoyen Gracchus (Seigle-Arrosoir), maintenu dans ses fonctions de président du tribunal du district, était suivie et précédée de cinquante autres non moins curieuses et accidentées; on eût dit une longue liste de signalements de galériens évadés.

J'achevais à peine de dicter cette monstrueuse administrative à l'expéditionnaire, lorsque mon cousin Jouveau entra dans le bureau dont il referma sur lui la porte avec violence.

— Qu'as-tu donc, Curtius, lui demandai-je, tu parais tout en colère?

— C'est que je le suis, parbleu ! me répondit-il. Croirais-tu que je ne puis plus faire un pas sans être arrêté par des solliciteurs de toute sorte! Citoyen, ma pauvre femme innocente languit dans les cachots ! et ainsi de suite ! On dirait une de ces troupes tenaces et irritantes de mendiants qui suivent en croassant les diligences, lorsqu'un accident de terrain les force d'aller au pas ! Sacrebleu, ça ne peut pas durer longtemps encore comme ça ! J'ai les nerfs dans un état d'irritation extrême. Il faudra, pour couper court à cette persécution insoutenable, que je fasse incarcérer une dixaine de solliciteurs ! c'est le seul moyen d'avoir la paix.

Jouveau, après avoir prononcé ces paroles, prit la feuille d'épuration que j'achevais de dicter à l'expéditionnaire, la parcourut du regard, et se tournant vers moi :

— Veux-tu m'accompagner chez N***, me dit-il, à qui j'ai besoin de parler ? Je te ferai à peine attendre cinq minutes, et nous irons déjeuner ensuite.

— Volontiers, lui répondis-je, car moi aussi j'ai besoin d'avoir une longue et sérieuse conversation avec toi. Allons.....

Jouveau venait d'entrer dans le cabinet de son représentant, et j'étais resté dans l'antichambre, lorsque je vis apparaître une femme voilée, qu'à sa taille et à sa démarche je jugeai devoir être de la première jeunesse. L'inconnue semblait fort émue; elle se réfugia dans l'embrasure d'une fenêtre comme pour fuir la présence des autres solliciteurs.

Il y avait dans le maintien de cette jeune femme une telle pudeur, que je me sentis pris d'un vif intérêt pour elle; certain — sa présence dans l'antichambre de N*** me l'apprend assez — qu'elle était sous le coup d'un malheur, je me promis, si l'occasion s'en présentait, de mettre tout en œuvre pour lui être utile.

Je cherchais, mû par cette pensée, un moyen qui me permît de lier conversation avec elle, lorsqu'à mon grand étonnement, la jeune femme ayant jeté les yeux de mon côté, je la vis tressaillir à ma vue, hésiter un moment, puis bientôt s'avancer vivement vers moi :

— Vous ne me reconnaissez plus, sans doute, citoyen ? me demanda-t-elle en relevant le voile épais qui cachait ses traits, et en me montrant le plus gracieux et le plus joli visage qu'il soit possible d'imaginer.

— Ma foi, mademoiselle, lui répondis-je avec une émotion bien naturelle à mon âge, je vous avouerai en toute loyauté que je crois que vous êtes dupe en ce moment d'une fausse ressemblance, car jamais, avant ce jour, je n'ai eu le plaisir et l'honneur de vous voir.

— Je vous demande bien pardon, citoyen, je ne me trompe pas. Vous vous vous êtes présenté à moi dans un moment de ma vie trop solennel pour que votre image ne se soit pas et à tout jamais profondément gravée dans ma mémoire! Je suis la fille aînée de l'infortuné passementier Lemite, et vous, citoyen, vous êtes le seul homme qui, après l'arrestation de notre pauvre père, nous ait fait entendre, à ma sœur et à moi, des paroles d'espérance et de consolation. Dans notre rencontre fortuite de ce matin, je vois le doigt de la Providence !...

A ces paroles prononcées avec une douceur extrême, je me sentis rougir et je gardai, pendant quelques secondes, un silence pénible; car, je l'avoue à ma honte, j'avais complètement oublié et l'arrestation du passementier et ma promesse de m'occuper de son élargissement.

— Croyez, mademoiselle, dis-je enfin, que j'emploierai le peu de crédit que je puis avoir pour travailler au salut de votre père, seulement je crains que ce crédit ne soit bien inférieur à mon zèle et à ma bonne volonté.

— Cependant, citoyen, votre présence, ici, prouve que vous connaissez quelqu'un attaché à la personne du représentant N*** ou à celle de son secrétaire Curtius. A moins, toutefois, que comme moi, vous ne soyez un solliciteur.

— Non, mademoiselle, grâce à Dieu, je ne suis pas un solliciteur; j'attends Curtius.

Vous connaissez le citoyen Curtius? me demanda la jeune fille avec anxiété.

— Oui, mademoiselle, beaucoup même; il est mon ancien camarade de collège, et nous nous traitons de cousin.

— Mais alors, reprit la pauvre enfant en proie à une indicible émotion, et en levant ses beaux yeux pleins de larmes vers le ciel, mais alors, vous pouvez sauver mon père... Le citoyen Curtius jouit d'un crédit illimité auprès du représentant... c'est un fait connu de toute la ville, et il obtient de lui tout ce qu'il veut... Un mot de vous à votre cousin, citoyen, et vous sauverez de la misère et du désespoir une famille entière.

— Ayez confiance, mademoiselle, Curtius va venir ici tout à l'heure; la première parole que je lui adresserai sera pour lui demander la liberté de votre père...

— Le citoyen Curtius va venir, répéta la jeune fille; oh! je vous en supplie, présentez-moi à lui! Ne croyez pas, citoyen, que je doute de votre promesse; je sais que ce que vous avez dit, vous le ferez; mais je sens je que quand il s'agira de défendre mon excellent père, je trouverai des accents qu'une fille seule peut avoir. J'attendrirai votre cousin à la peinture du désespoir de notre famille! Il ne pourra rester insensible à ce cri parti du cœur!

— Gardez-vous bien, au contraire de voir Curtius, répondis-je avec effroi à la jeune fille, en songeant à sa beauté et au caractère peu scrupuleux de Jouveau; mon cousin est en ce moment exaspéré contre les solliciteurs, qui troublent, dit-il, son repos, et votre démarche ne pourrait que vous nuire. Remettez en mes mains la défense de vos intérêts, et croyez que je plaiderai avec autant de feu et de chaleur la cause de votre père que s'il s'agissait du mien.

— Et vous espérez réussir? reprit la pauvre enfant du passementier, en essayant de lire dans mon regard quelles étaient mes espérances.

— J'en suis à peu près certain, lui dis-je; cependant, comme se vanter à l'avance d'un triomphe porte souvent malheur, je ne puis vous répondre implicitement du succès. Toutefois, je vous le répète, nous avons pour nous vingt bonnes chances au moins contre une seule mauvaise.

— Que Dieu vous récompense de votre générosité, citoyen! s'écria la jeune fille avec élan, car ce que vous faites là pour nous est au-dessus de la reconnaissance humaine!

— A présent, partez vite, voici Curtius!

— Et quand vous reverrai-je?

— Dès que j'aurai obtenu ce que vous désirez. Peut-être dans une heure.

— Alors si vous ne venez pas ce délai passé...

— Il faudra mettre votre espoir en Dieu seul, car ce retard signifierait que je suis arrêté moi-même ou que j'ai dû fuir la ville de Marseille...

La jeune fille allait me répondre lorsque l'arrivée de Curtius mit fin à notre conversation.

Cinq minutes plus tard, j'étais attablé avec mon cousin devant un déjeuner somptueux, mais, quelque attrayant que fût le tableau que nous présentait, surtout par le temps de famine qui courait, la vue de dix plats garnis de gibier et de primeurs placés à portée de nos mains, nous observions, Curtius et moi, un profond silence, et nous restions l'un et l'autre plongés dans nos réflexions.

Ce fut Jouveau qui le premier entama la conversation.

— Tu ne sais pas l'événement du jour? me dit-il. On vient de nous apporter la nouvelle qu'une flottille, composée de vingt navires de transport chargés de grains et que nous attendions avec impatience, a été capturée par les Anglais! Cela va faire un effet déplorable dans la ville et dans le département! N*** craint un soulèvement et ne sait plus où donner de la tête.

— Comment avez-vous donc appris cette nouvelle?

— Par le rapport du capitaine de la corvette qui était chargé d'escorter la flottille et qui, ayant lâchement pris la fuite à l'approche de la division anglaise, est arrivé à bon port!

— Quoi, Jouveau! un officier de la marine française a pu manquer ainsi à tous ses devoirs? C'est impossible!

Cela est tellement possible qu'il vient d'être incarcéré! Il peut se tenir pour un homme condamné! Nous comptons sur son exécution pour calmer et distraire la populace!

— Mais, dis-moi, Jouveau, les forces anglaises qui se sont emparées du convoi étaient-elles nombreuses?

— Très-nombreuses; elles se composaient de trois vaisseaux de haut-bord, de sept frégates et de quatre bricks.

— Eh bien! alors, comment le malheureux commandant eût-il pu leur résister avec sa simple corvette.

— Que nous importe! il devait se faire couler ou sauter, cela nous eût permis de rédiger un pompeux bulletin, d'ordonner une fête civique, et le peuple n'eût plus songé à la faim!...

— Toujours de la mise en scène et des moyens de charlatans! Ah! Jouveau, si tu voulais m'en croire...

— Eh bien! pourquoi t'arrêter, cousin : va, poursuis, tu sais qu'avec moi tu n'as pas besoin de te gêner.

— Jouveau, dis-je avec douceur, il est incontestable que nous différons d'opinion; mais notre amitié est trop solide pour que ce dissentiment puisse la rompre. Quant à moi, je t'avouerai que je compte toujours sur ton dévouement, et que je n'hésiterai jamais, — certain qu'il ne me manquera pas, — de le mettre à contribution toutes les fois que j'en aurai besoin. Donne-moi ta main, et considérons comme non avenue notre conversation de tout à l'heure ; le veux-tu?

— Si je le veux! mais, de tout cœur, s'écria Jouveau, en serrant affectueusement dans la sienne la main que je lui présentai; tu sais bien que mon cœur ne connaît pas la rancune.

— Oui, je le crois, en effet, Jouveau, et la preuve, c'est que je vais te demander de suite de me rendre un service auquel j'attache la plus grande importance!

— Accordé! à moins que cela ne soit impossible, s'écria joyeusement Jouveau, et encore, dans ce dernier cas, nous verrions!...

— Tu connais sans doute de nom un passementier nommé Lemite?

A cette question la figure de Jouveau se rembrunit et l'expression de son visage changea comme par enchantement.

— Oui, je connais en effet le passementier Lemite, me répondit-il d'une voix brève et sèche. Après?

— Ce malheureux, qui a été incarcéré par suite d'une erreur, sans doute, est le seul soutien de sa famille.

— Assez, citoyen! me dit alors Jouveau en me coupant la parole, c'est là une affaire qui ne te regarde pas et dont je te prie de ne pas te mêler! Laisse aux patriotes qui aiment la République le soin de veiller à sa conservation et à son salut!

— Cher ami, je t'avertis qu'il est un peu tard maintenant pour remettre ton masque; je te connais trop bien! Dis-moi franchement si tu as quelque motif de haine, de vengeance ou d'intérêt dans cette affaire? Mais, au nom du ciel, laisse-là la République de côté. Ton patriotisme ne réussira pas près de moi. Allons, un peu de franchise!

— Eh bien! j'y consens. Ce Lemite est brave homme, je ne prétends pas le contraire, je le sais bon républicain et honnête citoyen, soit; mais cela n'empêchera pas sa tête de tomber sur l'échafaud.

— Misérable! je ne te croyais que voleur : tu es donc un assassin?

A peine eus-je proféré cette sanglante injure, que je me repentis de mon imprudence, qui pouvait compromettre la cause que je m'étais engagé à faire triompher. Je voulus alors réparer, par des excuses volontaires et spontanées, l'exclamation que mon indignation m'avait arrachée, mais Jouveau ne m'en laissa pas le temps.

— Mon cher ami, me dit-il avec beaucoup de sang-froid et sans paraître le moins du monde ému de mon apostrophe, je vois que tu ne me connais pas encore : une dernière explication me délivrera à l'avenir, je l'espère, de tes étonnements et de tes colères. Sache donc une bonne fois pour toutes, que je ne reconnais pas d'autre intérêt que le mien, que je n'envisage dans les événements que ce qui peut m'être profitable, et que, grâce à mon égoïsme, — tu vois combien je parle à cœur ouvert avec toi, — je me trouve placé au-dessus des passions humaines. L'envie, la haine, la vengeance, sont des sentiments qui n'ont pas prise sur moi : je ne vois que mon bien-être; le reste m'importe peu.

— Tu te calomnies à plaisir, Jouveau; n'importe, j'accepte tes forfanteries comme vérités; quel intérêt as-tu alors à poursuivre cet infortuné Lemite?

— Un très-grand : Lemite a été assez imprudent pour oser mal parler de N***, et le représentant est furieux contre lui ; en servant la vengeance de ce dernier, en épousant chaudement ses intérêts, j'augmente la confiance qu'il a en moi, et par conséquent mon crédit! Or, comme cette confiance et ce crédit représentent, pour ton ami Jouveau, fortune, plaisirs et puissance, tu comprendras aisément, car au fond tu es un garçon d'esprit, que je sacrifie ce bavard de Lemite sur l'autel de l'ambition ! Ton protégé aurait conspiré contre la République, donné asile à un proscrit, ou commis quelque grosse imprudence, qu'en considération de l'intérêt que tu lui portes, je le sauverais ; mais il a osé s'attaquer à l'homme par qui je suis tout, et il mourra !

— Rien ne pourra te faire changer, Jouveau ?

— Rien, cher ami, puisque je ne suis même pas en colère !

— Eh bien, alors, je pars à l'instant ! Il me serait impossible de vivre plus longtemps avec toi. Ta vue me fait mal !...

— Je suis fâché, cher ami, que tu t'en ailles ; mais comme, au total, tu ne devais pas rester toujours, je prendrai assez aisément mon parti de ton absence !

Jugeant que mes supplications et mes menaces se briseraient contre cette nature si énergiquement égoïste, si je puis m'exprimer ainsi, je n'insistai plus et je sortis sans répondre à Jouveau.

Une heure plus tard, mon sac sur le dos et un bâton à la main, j'arpentais la grande route qui conduit de Marseille à Aix !

Il y avait à peine une heure que j'étais arrivé à Aix, lorsqu'un vacarme épouvantable de tambours battant aux champs et de trompettes sonnant des fanfares me fit mettre la tête à la fenêtre de ma chambre.

Je vis défiler les corps militaires, les comités, la municipalité, le district, les juges, enfin toutes les autorités. Militaires et magistrats chantaient à tue-tête, précédant un char en verdure, dans lequel j'aperçus étendue, avec plus d'abandon que de décence, une fort jolie femme, vraiment.

En deux sauts je fus rejoindre le cortége.

— Quelle est donc cette fête ? demandai-je.

— C'est la fête de la Raison, me répondit-on.

Je me rappelai alors la saturnale à laquelle j'avais assisté à Avignon, et que le grand patriote Marcotte avait également qualifiée de fête de la Raison, et à ce souvenir je fus tenté de remonter dans ma chambre ; toutefois, poussé par la curiosité, et remarquant que la foule semblait fort paisible, je changeai bientôt de résolution, et me mêlai à l'escorte de la déesse de la Raison.

Après un quart d'heure à peu près de marche, nous arrivâmes à l'endroit fixé pour la célébration de cette importante cérémonie, c'est-à-dire devant une église dont les murs, tachés par une épaisse trace de fumée, les vitraux brisés, les portes criblées de balles, prouvaient que ce lieu saint avait subi les atteintes de l'orage révolutionnaire.

La déesse descendit de son char, entra, accompagnée par toutes les autorités, dans l'église et fut s'asseoir sous un dais de verdure qui l'attendait.

Aussitôt des trompettes résonnèrent avec fureur, puis peu après un officier municipal, ceint de son écharpe tricolore, monta dans cette même chaire à prêcher, où pendant si longtemps avait retenti la parole des ministres de Dieu : un grand silence se fit.

— Frères et amis, s'écria l'orateur de la fête d'une voix de stentor, il est une puissance antérieure à la création, puissance que les ambitieux hypocrites ont exploitée en la faussant ; je veux parler de la Raison !

Malheur aux peuples qui la méconnaissent, haine aux tyrans qui veulent la braver ! Les premiers tombent dans l'esclavage, les seconds sur l'échafaud !...

Un discours qui débutait ainsi promettait beaucoup ; l'éloquence de l'officier municipal fut en effet couronnée d'un plein succès et souleva des tonnerres d'applaudissements.

La déesse de la Raison, sensible aux agaceries de plusieurs muscadins, qui s'étaient glissés jusqu'aux pieds du dais, sous lequel elle était assise, avait fini, faiblesse humaine fort pardonnable à une femme de son âge, par oublier son rôle et par s'abandonner au plaisir de se savoir admirée et aimée.

Les œillades allaient leur train, lorsqu'un gros homme, âgé d'environ quarante ans, et dont le costume plus que négligé ne dénotait pas une grande envie de plaire, me parut s'impatienter de toutes ces charmantes coquetteries.

D'abord, il toussa, puis, voyant que la déesse restait insensible à cet avertissement, il commença à jurer avec assez de modération et à demi-voix ; enfin, ses monosyllabes n'obtenant pas plus de succès que sa toux, il se mit sérieusement en colère, et ne tarda pas à troubler, par une expression peu parlementaire, le recueillement des assistants.

— Ah ! coquine, s'écria-t-il, tu me payeras cela !

Des chut nombreux, des : à la porte le royaliste ! empêchèrent, il est vrai, l'homme à la toilette délabrée de continuer, mais ne calmèrent pas sa colère, loin de là !

— Ah ! la misérable ! ah ! la fieffée effrontée, murmurait-il entre ses dents. Ne pas se gêner plus que cela ! se moquer ainsi de moi, à mon nez et à ma barbe ! Nous verrons bien qui rira le dernier.

— Qu'avez-vous donc, citoyen ? lui demandai-je à voix basse. La fête ne serait-elle pas de votre goût ? Trouveriez-vous la déesse indigne, par son manque de beauté, de remplir l'honorable emploi qu'elle occupe ?

— L'effrontée n'est que trop belle ! me répondit-il. Et tous ces muscadins se moquent de moi ! Ils verront si je ne saurai pas prendre ma revanche.

— Comment cela, votre revanche ?

— Eh oui ! ne sais-tu donc pas, citoyen, que la déesse de la Raison est ma femme ?

— J'ignorais ce détail ! Permets que je te félicite !

L'homme leva ses épaules et fronça ses sourcils d'une telle façon, que je compris que mon compliment constituait une injure involontaire, et était une maladresse.

L'officier municipal à bout, non d'éloquence, mais de souffle, descendit enfin de la tribune, et le cortège allait se remettre en marche, lorsque le mari de la déesse s'avança vivement vers sa trop sensible moitié et l'apostropha avec une telle vigueur d'expression qu'il m'est impossible de rapporter ce début de dialogue.

— Tiens, lui répondit-elle, ne dirait-on pas que nous vivons encore sous les tyrans, qu'une femme n'a pas le droit de regarder devant elle sans qu'on la menace de l'assommer !...

— Comment, abominable coquine...

— Ah ! pas de gros mots, je te prie, citoyen époux. Nous venons de célébrer la fête de la Raison, et sa voix me dit qu'un vieux et laid hibou comme toi, qui grogne toujours ne vaut pas un joli jeune homme dont la bouche ne prononce que des paroles d'amour... Ainsi si tu m'ennuies...

— Ah ! c'est comme cela que tu réponds à mes reproches, s'écria le mari, eh bien ! attends un peu !... A défaut d'esprit pour lutter avec toi, car tu as une langue bien pendue, je possède une paire de bras nerveux...

— Des menaces ! je me moque pas mal de toi ! Ose approcher, et je t'arrache les yeux. Après tout, ils sont si laids, que ce ne sera pas pour toi une grande perte !

— Ah ! tu crois qu'on aveugle comme ça un homme, effrontée... Attends !

Le mari, outragé dans sa dignité d'époux, et excité encore par cette idée que tous les regards étaient fixés sur lui, ne pouvait plus, après ce défi, reculer sans se perdre de réputation.

Il releva donc les manches de sa carmagnole, et s'avança le poing levé vers sa belle moitié.

La déesse de la Raison, de son côté, se sentant trop bien appuyée par la présence de ses adorateurs pour se soumettre à la grossière correction dont elle était menacée, se leva d'un bond de dessus son fauteuil, et la tête rejetée en arrière, les yeux brillants, les doigts crispés, se prépara à une opiniâtre défense !

Quelques secondes plus tard, un vacarme affreux entremêlé de cris, de rires et de plaisanteries, faisait trembler la nef de la vaste église : les époux étaient aux prises. Si le mari était nerveux, la déesse ne manquait pas de courage. Aussi le combat prit-il bientôt une telle allure, que, dans la crainte d'un malheur, on fut obligé de séparer le couple trop animé.

Les yeux de la déesse étaient un peu gonflés et marqués de plusieurs vigoureux coups de poing ; mais le visage du mari, labouré par des ongles tranchants et agiles, ruisselait de sang. Au total, chacun avait bien rempli son devoir : la victoire restait indécise.

Ce petit incident qui, je l'avoue, ne me divertit pas médiocrement et ne déplut pas à la foule, ne nuisit en rien à la fin de la cérémonie.

Le mari, calmé par la lutte, et la femme, ravie d'avoir si bien résisté à son époux, retrouvèrent bientôt tous deux leur dignité !

La déesse remonta dans son char, et l'on défila de nouveau, au son des trompettes et du tambour, à travers la ville.

Le cortége s'arrêta devant une boutique de marchand de marée : la déesse descendit, car cette boutique était la sienne, — salua la multitude, et tout fut dit.

Je me demandais, en regagnant mon auberge, quel effet avait dû produire cette grandiose et solennelle cérémonie sur le peuple? Le lecteur répondra bien de lui-même à cette question.

De retour à mon auberge, l'on m'apprit que ce que je venais de voir n'était pour ainsi dire qu'une répétition d'une fête que l'on devait donner le lendemain, en l'honneur du représentant N***, que l'on attendait dans Aix.

Ne désirant nullement me retrouver en présence de Jouveau, je me hâtai de me remettre en route le lendemain matin, au point du jour.

Ma première étape, en sortant d'Aix, fut un gros bourg nommé jadis Saint-Cunat, et que l'on appelait alors Cunat tout court.

Il m'arriva, dans l'auberge où je descendis, une aventure assez comique, et que je crois devoir raconter.

Je venais, selon mon habitude de tout voir lorsque je voyage, de parcourir le village, et je rentrais harassé de fatigue et soupirant de tristesse, en songeant au maigre et chétif dîner qui m'attendait, lorsqu'en entrant dans la cuisine, je fus aussi charmé que surpris de voir sur les fourneaux un dîner réellement fort convenable.

Le feu placé sous les casseroles, amorti par une couche de cendre, me prouva que ce dîner était prêt à être servi, et je m'empressai d'ordonner à la servante de dresser la table.

La grosse fille me regarda d'un air étonné.

— C'est donc pour vous ce dîner? me demanda-t-elle.

— Parbleu! pour qui veux-tu que ce soit?

— Quoi, c'est vous, citoyen, qui êtes le...

La servante, ne trouvant sans doute pas l'expression qu'elle cherchait, s'arrêta un moment.

— Oui, c'est moi qui suis le citoyen le !... m'empressai-je de dire d'un ton superbe.

A cette réponse qui, certes, ne signifiait pas grand'chose, la maritorne ouvrit de grands yeux, me regarda avec une expression d'étonnement indicible, et me faisant une profonde révérence !

— Si vous voulez passer dans la salle à manger, je m'en vais me faire l'honneur de vous servir, me répondit-elle.

— Soit. Surtout, dépêche-toi et ne me fais pas attendre : je meurs de faim...

Cinq minutes plus tard, installé devant une table recouverte, —chose inouïe pour l'époque, — d'une nappe d'une blancheur éclatante, l'on m'apportait un excellent potage, deux bouteilles de vin, un gigot et deux perdrix rôties : je crus rêver.

Peu habitué à de pareilles aubaines, je m'empressai d'avaler le potage ; puis, passant au gigot, je l'entamai avec une ardeur sans pareille et qui ne s'arrêta qu'après qu'il fut plus d'à moitié dévoré. J'allais me jeter avec la même avidité sur les perdrix, lorsque l'hôtesse entra dans la salle à manger, et poussant un cri de désespoir :

— Ah! brigand, me dit-elle, qu'avez-vous fait?

Puis, se retournant vers un jeune homme à l'air sévère et méprisant qui la suivait :

— Ah! pardonnez-moi, citoyen, lui dit-elle en joignant les mains d'un air suppliant ; ce vagabond est seul compa-

ble ! Comment aurais-je pu songer qu'un homme serait assez osé pour s'emparer de votre dîner !

Je dois avouer que la colère de l'hôtesse et les injures qu'elle m'adressa ne m'étonnèrent que médiocrement, car j'avais déjà éprouvé moi-même, en me mettant à table, certains doutes sur la destination affectée à ce somptueux dîner qui m'était servi avec tant d'empressement.

La pensée d'un quiproquo se présenta à mon esprit ; mais mon appétit était tel que je résolus de profiter, avant d'approfondir cette question, de l'heureuse aubaine que le hasard m'offrait. Le lecteur sait déjà avec quel empressement j'exécutai cette résolution.

III

Je compris donc tout de suite, en apercevant le jeune homme sérieux et hautain, que ce malheureux était ma victime ; néanmoins, comme ma dignité blessée et ma faim non encore assouvie se trouvaient d'accord pour me pousser à la résistance, je restai impassible et fis une fort belle contenance.

— Savez-vous, citoyen, me dit l'hôtesse en se calmant un peu à la vue de mon sang-froid ; savez-vous, citoyen, que vous vous êtes bien pressé !

— Citoyenne, je n'aime pas laisser refroidir les dîners.

— C'est que ce dîner n'avait pas été préparé pour vous !

— A vous parler franchement, je ne vous cacherai pas que je commence à le croire.

— C'est le dîner du citoyen commissaire du salut public que vous avez mangé.

— Eh bien, répondis-je en tournant les yeux vers le jeune homme, le citoyen mangera le mien !

— Ne savez-vous donc pas ce que c'est qu'un commissaire du salut public! s'écria l'hôtesse avec emphase.

— Parfaitement, répondis-je en riant.

— Voici ma commission, dit alors le jeune homme en tirant de son portefeuille une longue patente, en tête de laquelle était gravé un grand œil rayonnant, qui tenait la moitié de la page.

— Je n'ai jamais prétendu que vous n'étiez pas en règle, lui dis-je en me préparant à découper une perdrix.

Le commissaire du salut public, jugeant qu'il n'y avait pas de temps à perdre, voulut s'emparer de la chaise où j'avais accroché mon sac et mon sabre.

— Ne touchez pas à cela, morbleu ! m'écriai-je, ou je vais me fâcher !

Ce dernier trait d'audace me donna la victoire : le commissaire s'arrêta et resta immobile.

Toutefois, ne voulant pas pousser plus loin mes avantages, car cela eût pu mal tourner pour moi, je repris presque aussitôt mon air gracieux :

— Je suis susceptible sur le point d'honneur, comme doit l'être tout militaire qui se respecte ; mais, au demeurant, je ne passe pas, quoique un peu vif, pour un mauvais garçon ; si vous voulez vous contenter de ce j'appelle mon dîner, parce que je le mange, et de ce que la citoyenne hôtesse appelle votre dîner, parce que vous deviez le manger, faites apporter une chaise et asseyez-vous à mes côtés, nous partagerons ce qui reste en frères. J'attends votre réponse, n'oubliez point que je vais vite en besogne.

Le citoyen commissaire du salut public, un moment abasourdi de ma manière leste d'agir avec un aussi important personnage qu'il l'était, se dépouilla de sa morgue et me remercia de mon offre.

On lui apporta aussitôt une chaise, et il prit place en face de moi.

Grâce à un plat d'asperges et de poissons, que l'hôtesse gardait en réserve et qu'elle sacrifia à la solennité de la circonstance, mon compagnon de table n'eut pas trop à se plaindre et se déclara bientôt satisfait.

Quant aux vins, comme nous en avions à discrétion et qu'ils étaient excellents, nous en prîmes tout à notre aise. Le lecteur n'aura donc pas à s'étonner qu'une heure plus tard le commissaire et moi étions les meilleurs amis du monde.

— Avouez, camarade, lui dis-je, que vous m'auriez mené fort lestement si je n'avais pas connu un peu le métier !...

— Je l'avoue, me répondit-il, mais j'ai compris de suite, à votre façon d'agir, que vous n'étiez pas ce que vous semblez être au premier abord, c'est-à-dire un pauvre diable d'adjudant en congé de convalescence !...

— Mais vous avez tort... je vous proteste...

— Allons, trêve de modestie et de discrétion. Je sais à présent parfaitement à quoi m'en tenir sur votre compte, cher collègue... Oui, en effet, vous connaissez parfaitement le métier. Une seule chose m'étonne dans votre conduite : pourquoi, au lieu de vous traîner aussi péniblement à pied comme vous le faites, n'allez-vous pas à cheval ?

— Ah ! que vous êtes jeune, cher ami ! m'écriai-je en souriant d'un air mystérieux ; car je commençais à comprendre l'erreur dans laquelle tombait le commissaire du salut public, et je n'étais pas fâché d'en profiter.

— Oui, je suis jeune, répéta-t-il, démonté par mon aplomb ; mais ce n'est pas là répondre à ma question. Pourquoi, je vous le répète, parcourez-vous les grandes routes à pied et le sac sur le dos, tout comme si vous étiez un fédéraliste mis hors la loi ?

— Pourquoi, cher ami ? mais parce que je suis très-observateur de ma nature ! Vous ne comprenez pas. Trouvez-vous donc que, pour bien voir et pour bien entendre, il faille être juché sur un cheval ou enfermé dans une chaise de poste ? Quant à moi, j'ai cru jusqu'à ce jour que mon obscurité, en éloignant de moi tout soupçon et en ne donnant aucun ombrage, m'aiderait mieux dans mes études de mœurs qu'un train fastueux et qu'un titre imposant, mais qui me tiendrait en défiance !

— Ah ! j'y suis, j'y suis ! Collègue, vous êtes, j'en conviens, un homme d'une rare adresse. Je n'ai plus besoin d'aucune explication. Dites-moi, je parie que c'est par ce rusé matois de Billaut de Varennes que vous êtes envoyé.

— Non, vous vous trompez, ce n'est pas Billaut qui...

— Alors c'est par Couthon, avouez-le !

— Pas davantage. Je ne puis que vous répéter ce que je vous ai déjà dit : que je suis un philosophe, un observateur ; que j'aime les études de mœurs à la passion, et que je ne remplis aucune mission du gouvernement.

— De la discrétion entre collègues ! Après tout, si c'est dans vos instructions, vous avez raison d'en agir ainsi que vous le faites, et je dois affecter de vous croire ! N'importe ! je parierais que vous jouez un rôle important et que vous êtes initié à bien des secrets.

— Pas le moins du monde. Je devine quelquefois ce que l'on voudrait me cacher, voilà tout.

— Et deviniez-vous le sujet de ma mission ? me demanda lentement mon interlocuteur en me regardant d'une singulière façon.

— Peut-être bien. Je me figure que la surveillance qui vous est confiée est d'un intérêt majeur. Opinion des agents nationaux, des districts et des grandes communes ; arrestations à proposer ; ordres verbaux et secrets à porter aux représentants du peuple ! Quant au prétexte plausible que vous mettez en avant pour motiver votre mission, ce doit être l'inspection des salpêtres et des charrois...

A mesure que je parlais, je remarquais qu'un changement notable s'opérait dans l'expression de la physionomie de mon compagnon de table : quand je me tus, il me salua avec une grande politesse, et d'une voix émue :

— Citoyen, me dit-il, j'ignore tout à fait qui vous êtes ; toutefois, si l'on vous interroge sur mon compte, j'aime à croire que vous voudrez bien ne pas oublier que je suis tout dévoué à la République, et que nous avons, vous et moi, partagé le pain et le sel.

A cette réponse, qui me montra jusqu'à quel point le commissaire du salut public prenait au sérieux la qualité de collègue qu'il m'avait donnée, j'eus toutes les peines possibles à ne pas éclater de rire ; cependant, comme ma gaieté eût pu avoir pour moi de très-fâcheuses conséquences, je parvins à garder mon sérieux.

Lorsqu'une heure plus tard mon collègue dut remonter dans sa chaise de poste, il me donna une chaleureuse poignée de main en me priant de ne pas oublier, si j'avais jamais besoin de lui, qu'il serait toujours mon tout dévoué serviteur.

Le lendemain matin, je me disposais à me remettre en route, lorsque je reçus la visite du maire de Saint-Cunat. Ce fonctionnaire m'aborda avec toutes les marques d'une profonde déférence, et me saluant humblement :

— Citoyen, me dit-il, j'espère que vous voudrez bien honorer de votre présence le banquet civique que doit donner aujourd'hui la municipalité en votre honneur.

— Que m'apprenez-vous là ! Quoi ! la municipalité donne un repas pour moi ! Mais c'est impossible !...

— Citoyen commissaire extraordinaire du salut public...

— Que me chantez-vous là ! Je ne suis pas et je n'ai jamais été chargé de semblables fonctions ! Ne voyez en moi, je vous prie, qu'un simple sous-officier en congé...

— Oui, je sais, citoyen !... Je comprends ! Ne craignez rien, nous respecterons votre incognito !

— Mon incognito ! que le diable vous emporte ! Je refuse.

— Mais, citoyen, s'écria le maire d'un air de comique désappointement, les ordres sont donnés, le repas est commandé ! Votre refus va plonger le bourg dans la douleur ! Il est impossible que vous nous teniez rigueur. Au reste, je dois vous avertir qu'une députation est déjà nommée pour se rendre auprès de vous pour vous remercier de votre acceptation.

— Ah ! il y a une députation de nommée ! Il ne manquait plus que cela ! Eh bien, citoyen maire, promettez-moi que cette députation ne viendra pas me trouver et je m'engage à assister au banquet.

— Oui, je comprends, votre incognito !

— Vous comprenez tous ici. N'importe ! seulement, retenez bien, je vous prie, la déclaration formelle et solennelle que je vous fais à présent, que je suis tout simplement un adjudant en congé de convalescence, et que je ne possède aucun autre titre.

Le maire sourit d'un air fin et s'engagea à rendre compte de ma déclaration devant qui et quand je voudrais.

Cette précaution prise, et ne redoutant plus, pour l'avenir, d'être accusé de m'être approprié un titre qui ne m'appartenait pas, je résolus de profiter de l'erreur où l'on était à mon égard, et de jouir des hommages que l'on me prodiguerait.

L'hôtesse de l'auberge à qui je demandai la permission de conduire ses deux filles au banquet civique, éprouva un tel saisissement à la perspective de l'honneur qui allait rejaillir de ce fait sur sa famille, qu'elle ne put trouver d'expressions assez fortes pour me prouver sa reconnaissance et se mit à faire semblant de pleurer.

C'était à environ cinq minutes de marche du bourg, sur une plate-forme tapissée de mousse et ombragée par une rangée d'oliviers, que devait avoir lieu le festin.

Lorsque j'arrivai, je trouvai toute la population du bourg, revêtue de ses habits de fête, qui m'attendait. Mon apparition fit sensation, et le maire s'avança aussitôt à ma rencontre pour me conduire à la place d'honneur qui m'était indiquée, c'est-à-dire au milieu d'une table qui s'élevait, solitaire, au centre de la plate-forme.

— Citoyen maire, lui dis-je gravement, la République repousse toute distinction et veut l'égalité. Ne vous semble-t-il pas convenable de faire disparaître cette table, qui porte atteinte à ce sentiment ? Est-il donc convenable que nous soyons assis, tandis que nos concitoyens sont couchés sur la terre !...

— Vous avez raison, illustre commissaire, me répondit le maire en rougissant ; vous allez être obéi.

En effet, la table fut aussitôt enlevée, et le banquet commença.

Je ne me rappelle pas avoir assisté, de ma vie entière, à un spectacle aussi grotesque que celui que je vis alors !

Qu'on se figure près de cent cinquante personnes étendues, à l'instar des Romains sur le gazon, et se donnant toutes les peines du monde pour paraître à leur aise.

Les couverts et les serviettes manquant, il faisait beau voir les doigts des convives plonger dans les plats liquides, tandis que le brouet inondait leur visage! Et puis, à chaque instant, c'étaient des soupières renversées par les pieds des voisins placés au-dessus de vous, des cris poussés par les jeunes filles dont les toilettes avaient à souffrir de ces accidents, des gémissements des vieillards que leurs rhumatismes empêchaient de se tenir dans cette position verticale, enfin un pêle-mêle et une confusion dont on ne peut se faire une idée, et qui eût à coup sûr inspiré le crayon de Callot.

Le banquet terminé, nous nous levâmes de dessus le gazon, et un bal champêtre clôtura cette belle journée.

Le surlendemain, dans l'après-midi, j'arrivais à Avignon. Mon premier soin fut de me rendre chez mon ancien hôte, le brave Marcotte; mais, à ma grande surprise, je trouvai sa maison déserte et abandonnée.

Je me retirais assez désappointé, lorsqu'un libraire, qui demeurait en face, m'appela :

— Citoyen adjudant, me dit-il en me faisant entrer dans sa boutique, n'êtes-vous pas ce même militaire qui a demeuré assez longtemps chez Marcotte!

— Vous ne vous trompez pas! Mais qu'est donc devenu mon ancien hôte?

— Hélas! le pauvre homme est en fuite!

— En fuite! et pourquoi donc, je vous prie?

— Mais parce que son cousin Pistache-Carotte l'a dénoncé au comité du salut public!

— Que m'apprenez-vous là! Au fait, une pareille infamie, venant de Pistache, ne doit pas m'étonner!...

— Dame! le citoyen Pistache-Carotte aimait la fille de son cousin, la jolie Mathilde, et comme celle-ci ne répondait pas à sa passion, il en est résulté que le père Marcotte s'est vu métamorphosé tout à coup en un conspirateur dangereux.

— Je reconnais bien là les moyens qu'emploie cet infâme Pistache! Ma foi, tant pis, quoique cette affaire ne me regarde pas, je n'en profiterai pas moins de mon séjour à Avignon pour exprimer de nouveau au Pistache le mépris profond qu'il m'inspire. Savez-vous s'il demeure toujours au même endroit?

— Citoyen, me répondit le libraire après avoir regardé autour de lui si personne ne pouvait l'entendre, si j'ai un conseil à vous donner, c'est celui de repartir au plus vite d'Avignon; l'on ne vous a donc pas écrit ce qui s'est passé ici, à votre sujet, après votre départ...

— Non, je n'ai reçu aucune lettre!

— Eh bien, sachez, citoyen, que vous avez été dénoncé au comité révolutionnaire comme étant le complice et l'agent de plusieurs émigrés et fédéralistes. L'on a même demandé votre mise immédiate en accusation et votre arrestation.

Cette nouvelle, à laquelle j'étais loin de m'attendre, me causa, je ne le cacherai pas, une certaine émotion.

— Et comment le comité révolutionnaire a-t-il accueilli cette dénonciation? demandai-je au libraire avec vivacité.

— Il s'est trouvé un citoyen qui a pris votre défense, en prétendant qu'il y avait lâcheté à accuser un homme qui combattait les satellites des tyrans, et dont le sang coulait peut-être en ce moment même pour la patrie! Ces paroles ayant soulevé des applaudissements, le comité révolutionnaire a passé à l'ordre du jour. N'importe, je crois, je vous le répète, que vous feriez sagement en vous éloignant au plus vite d'Avignon.

Je remerciai le libraire de son renseignement et lui promis de suivre son conseil. En effet, je partis le soir même à la tombée de la nuit.

Le surlendemain j'étais à Nîmes.

L'hôtel du *Faisan-Doré*, où je fus me loger en arrivant à Nîmes, avait pris le nom, depuis le triomphe de la révolution, d'hôtel de *la Fraternité*. Jadis, me dit-on, il n'était guère fréquenté que par les voyageurs riches; lorsque je vins y demeurer il ouvrait ses portes à toutes les classes de la société. Les chambres, indistinctement livrées, quelle que fût la richesse de leur ameublement, aux premiers arrivants, présentaient un désordre complet; enfin une seule table et une même nourriture existaient pour tous les habitués et les voyageurs.

Je dois constater ici une observation qui devenait de jour en jour plus frappante, c'est-à-dire que le niveau de l'égalité effaçait de plus en plus les distinctions des classes de la société.

Les bourgeois, les demi-bourgeois, les artisans et les journaliers, revêtus de la même carmagnole, et parlant à peu près le même langage, se reconnaissaient difficilement les uns des autres. Si le mot « citoyen, » considéré comme une redondance inutile, ne s'employait guère plus, en revanche le tutoiement, même entre les âges les plus extrêmes, même entre les sexes différents, était devenu plus commun, presque général.

La mode elle-même, cette déesse si capricieuse et si fantasque, avait fini par courber sous le joug de l'égalité son indomptable légèreté : les habillements de date récente présentaient, à quelques propriétaires qu'ils appartinssent, la même coupe dans la forme, la même qualité dans l'étoffe. Plus de linge fin, de poudre, de perruques, de chaussures élégantes, de chapeaux de prix, plus d'habits de deuil.

Quant aux liaisons intimes, aux relations de société, il n'en était plus question. Chacun rendu d'un égoïsme féroce, car chacun craignait pour soi, ne songeait qu'à dérober sa tête à l'échafaud. Les événements extraordinaires et les catastrophes épouvantables, en devenant des faits journaliers et communs, avaient émoussé la sensibilité des cœurs. Il est un chapitre que je ne veux qu'effleurer, pour compléter ce tableau, le chapitre des mœurs. On ne peut s'imaginer à quel point la démoralisation a envahi aujourd'hui la France! Toutes les familles dispersées à l'aventure par la persécution ou par la peur laissent, hélas! derrière elles, sans ressources et sans appuis, de pauvres jeunes filles qui ne demanderaient qu'à être de chastes épouses, des mères dévouées, et qui tombent vaincues par la misère! Mais jetons un voile sur ces tristes tableaux!

A Marseille, lors de mon passage, les citoyens avaient le droit d'acheter, je l'ai déjà dit, sept onces de pain par jour et par tête; à Nîmes, la ration n'était que de quatre onces. Heureusement que les légumes, la viande et les fruits n'étaient pas choses rares.

Je dînai le jour de mon arrivée à la table commune. Près de moi était assis un homme âgé d'à peu près quarante-cinq ans, et dont la figure assez insignifiante portait une empreinte de dignité factice, qui me fit supposer qu'il avait dû remplir jadis quelqu'importante fonction. Ses gestes, pleins de dignité, et sa parole d'emphase me confirmèrent encore dans cette opinion et me donnèrent l'envie d'entrer en conversation avec lui.

Au haut bout de la table, un sans-culotte de la plus belle venue, c'est-à-dire d'une ignorance extrême et d'une violence non moins grande, nous faisait part, en hurlant et en gesticulant, de ses projets de réforme pour la France : il ne demandait que cinq cent mille têtes, à peine la quinzième de la population, pour assurer à tout jamais le bonheur de son pays.

— Ah! le misérable, murmura l'inconnu assis à mes côtés, c'est qu'il le ferait, si cela était en son pouvoir, comme il le dit.

— Et ce qu'il y a de plus triste pour notre lamentable époque, ajoutai-je en m'adressant à voix basse à mon voisin, c'est qu'il ne serait pas impossible que cet homme fût de bonne foi. N'entend-on pas tous les jours des gens qui, doués jadis d'un cœur compatissant, d'un caractère doux et timide, proclament, depuis que le souffle de la révolution a dérangé leur cerveau, les plus épouvantables et les plus monstrueuses mesures, comme des panacées universelles qui doivent assurer le bonheur de la France.

— Que voulez-vous, citoyen, me répondit mon voisin, vous savez sans doute les belles paroles du poète antique :

« Quos vult perdere Jupiter demental ! »

—C'est cela même; mais pardon... comprenez-vous donc le latin?...

— Oui, citoyen; je puis même, sans trop me vanter, prétendre que j'ai fait de brillantes humanités...

— Vraiment ! s'écria l'inconnu en m'adressant un gracieux sourire. Ah! j'espère, citoyen, que vous ne quitterez pas Nîmes sans m'accorder une heure ou deux de conversation. Il m'est impossible de vous exprimer la joie indicible que j'éprouverais à entendre réciter par une voix savante quelques-unes des odes d'Horace!

Je me nomme Jérôme Bontemps, ancien régent de rhétorique. — Tout à votre service.

Au sortir de la table, mon nouvel ami Jérôme Bontemps me conduisit visiter les Arènes et les diverses antiquités romaines que renferme Nîmes; puis, la nuit venue, il me souhaita une bonne nuit et me quitta en me jetant une douzaine de vers hexamètres à la tête.

Le lendemain, il faisait à peine jour et je dormais encore d'un profond sommeil, quand je fus réveillé en sursaut par le bruit que fit ma porte en s'ouvrant avec violence :

J'aperçus le docte régent droit et immobile devant mon lit.

— Je vous demande bien pardon de vous réveiller aussi brusquement, me dit-il, je reçois à l'instant même une invitation pour me rendre à la noce d'un de mes anciens élèves et je n'ai pas voulu partir sans vous avertir de mon absence. Mais, j'y songe, le temps est magnifique, rien ne vous retient à Nîmes, pourquoi ne m'accompagneriez-vous pas? Je vous promets une hospitalité charmante!

— Ma foi, lui répondis-je, je ne vois pas trop pourquoi je n'accepterais pas votre offre. Vous avez été assez bon pour me conduire hier visiter les Arènes, la tour Magne, le temple de Diane et la maison Carrée : rien ne me retient plus, en effet, à Nîmes. Et puis, j'ai remarqué que les parties improvisées et inattendues sont en général beaucoup plus amusantes que celles que l'on prémédite. Ah! à propos, votre ancien élève demeure-t-il dans la direction de Sauve?

— A cinq lieues de cette ville.

— Cela tombe à merveille; en vous accompagnant, je suis mon itinéraire.

En dix minutes je fus prêt, et nous nous mîmes en route.

Les rayons du soleil, qui tombaient d'aplomb sur nos têtes, sans que nos corps projetassent d'ombre, nous apprirent qu'il était midi, lorsque nous atteignîmes un gros village situé à environ cinq lieues de Nîmes.

J'étais harassé de fatigue, et je proposai à mon compagnon de nous arrêter pour prendre une heure de repos.

— Nous sommes arrivés, me répondit-il. — Tenez, voyez-vous cette grande et belle maison qui s'élève à cinq cents pas devant nous? c'est la mairie...

— Que m'importe, je n'ai rien à y faire!

— Je vous demande bien pardon, vous avez à assister à une noce, car mon ancien élève est justement le maire de ce bourg, et c'est là qu'il demeure.

Nous fûmes reçus, Jérôme Bontemps et moi, par l'officier municipal avec une politesse et un empressement bien rares à cette époque.

A peine étions-nous remis de notre fatigue, qu'un domestique vint nous avertir que le déjeuner nous attendait; nous trouvâmes une table bien dressée, bien servie, et, le vin de Lunel aidant, nous oubliâmes bientôt les cinq lieues que nous venions de faire.

On apportait le dessert quand un homme revêtu d'un habit bleu râpé, et ayant autour du corps un ceinturon de cuir d'où pendaient deux baguettes de tambour, entra dans la salle à manger et demanda au maire, en le saluant avec respect, s'il était temps de se mettre en marche.

— Quand tu voudras, lui répondit notre hôte, je suis prêt.

Quelques minutes plus tard, nous entendîmes retentir dans la rue, devant les fenêtres de la pièce où nous étions, le son du tambour, des fifres et des cornets.

— Venez-vous, citoyens? nous dit en souriant le maire.

— C'est la noce qui se met en marche, s'écria Jérôme en s'adressant à son ancien élève; tiens, c'est singulier, je n'ai pas encore aperçu votre fiancée.

— Je ne me marie que demain, mon cher maître; cette musique ou ce charivari annonce tout bonnement le commencement d'une fête civique.

— Si c'est celle de la Raison, j'ai déjà été à même d'y assister à deux reprises différentes, et je vous prierai de ne pas exiger que je vous y accompagne, dis-je vivement au maire.

— Non, citoyen, la fête que nous célébrons aujourd'hui, pour nous conformer à un décret rendu à la Convention, est celle de l'Être suprême.

— Ce qui signifie qu'il s'agit d'accomplir avec pompe et bruit un sacrilège. Au fait, je suis curieux de savoir jusqu'où peut atteindre la bêtise humaine. Allons.

Nous trouvâmes à la porte les officiers municipaux du bourg et un groupe de paysans armés de piques.

A l'arrivée du maire, le cortège se mit en mouvement, précédé par un grand diable de garçon, qui portait sur une croix d'étain, dont les bras étaient cassés, un bonnet de laine d'un rouge douteux.

Nous traversâmes d'abord un cimetière, dont les tombes bouleversées et les pierres tumulaires brisées apparaissaient çà et là, enfouies dans de grandes herbes, à mes regards attristés, et nous pénétrâmes dans une vieille église.

La maison du Seigneur n'avait pas plus été respectée que la demeure des morts : elle présentait l'image du chaos!

Qu'on se figure un monceau de dalles et de pierres tumulaires, arrachées du sol par la main des salpêtriers et encombrant la nef de l'église; à côté de ces débris, des chaudières et des baquets; à droite et à gauche de l'autel, un tas compact d'ossements humains, de débris de statues des saints, d'armoiries et de bancs sculptés, brisés.

Enfin, sur la table de l'autel, on avait posé de grands ais couverts de verdure; sur ces ais, à la place jadis occupée par le tabernacle, était une chaise qui attendait le maire.

A peine s'y fut-il assis, que le cortège, composé d'une cinquantaine de personnes, l'entoura, et qu'il s'exprima à peu près en ces termes :

« Citoyens, nous voilà rassemblés pour célébrer la fête de l'Être suprême, de cet Être créateur et incréé que la Convention veut, par son décret de prairial, que nous honorions aujourd'hui. Que n'ai-je la harpe de Rousseau de Paris et le génie de Rousseau de Genève, pour pouvoir chanter dignement les louanges de Celui qui fut avant le monde et qui restera après lui! de Celui qui nous donne nos moissons, qui met en nos cœurs l'amour de la patrie et de la liberté! Il est ici des hommes plus aptes que moi à remplir cette tâche glorieuse et difficile; qu'ils s'avancent, et, le premier de tous, j'applaudirai à leur parole!

« En attendant, et puisque mon inexpérience m'empêche d'exprimer le saint enthousiasme qui m'agite, permettez au moins que ma voix, écho de mon cœur, entonne l'hymne composée par ordre du comité de salut public, en l'honneur du grand Créateur de toutes choses!... »

Le maire tira alors de la poche de sa carmagnole un rouleau de musique, puis, après avoir solfié à demi-voix quelques notes pour prendre ton, il attaqua, en faussant outrageusement, l'hymne si connue de « *Père de l'univers, suprême intelligence!* »

A la fin de chaque couplet, le tambour battait, les joueurs de fifres et de cornet soufflaient dans leurs instruments avec un zèle désordonné, et l'ex-clerc de paroisse, ce même grand drôle qui avait précédé le cortège, en portant sur la hampe de la croix un bonnet rouge, agitait violemment une grosse clé entre les deux branches écartées d'une pincette. Jamais de ma vie je n'ai entendu un charivari pareil.

Lorsque l'hymne fut achevée, les assistants, fidèles sans doute au programme de fête arrêté d'avance, se mirent à crier, à tue-tête, sans se rendre compte, certes, de la stupidité de leur vœu : « Vive l'Être immortel! Vive l'Être suprême! »

— Que pensez-vous de toute cette comédie, mon officier? me demanda à voix basse le régent de rhétorique, Jérôme Bontemps.

— Je pense, mon cher poète, lui répondis-je sur le même ton, que la tenue de l'assistance est trop décente pour que ces pauvres paysans aient la conscience du sacrilège qu'ils accomplissent; ils croient bien faire. Au reste, je suppose que la farce est jouée et qu'on va se séparer.

— J'en doute beaucoup, me répondit le régent; il est rare, par le temps d'éloquence qui court et avec la manie de parler qui sévit aujourd'hui en France, que sur cinquante personnes réunies, pas une seule ne prenne la parole. Nous devons nous attendre à d'autres discours. Quant à moi, je ne demande qu'une chose : qu'ils ne soient pas plus longs que celui prononcé par mon ancien élève.

Jérôme Bontemps avait raison. Les cris de : Vive l'Éternel! avaient à peine cessé, quand un jeune homme, chaussé de grandes bottes et portant une cravache à la main, se leva du banc où il était assis, et, s'avançant au milieu des décombres qui obstruaient la nef de l'église, demanda la parole.

IV

Le calme ne se rétablissant pas assez vite, le maire se mit à agiter une de ces sonnettes que l'on attache au col des brebis, et obtint enfin, après de longs efforts, un peu de silence.

— La parole est à toi, citoyen officier de santé, dit-il alors au nouvel orateur. Le jeune homme aux grandes bottes et à la cravache ôta aussitôt son chapeau, se coiffa d'un bonnet rouge, qu'il retira d'une des poches de son habit, et, retournant à sa place où il resta debout :

— Citoyens, s'écria-t-il d'une voix aigre et perçante, la superstition du dimanche emplissait autrefois ce lieu que la décade a rendu solitaire! Cela nous prouve, frères et amis, que jadis le nombre des imbéciles l'emportait sur celui des hommes raisonnables, et que le contraire a lieu aujourd'hui.

Dans ce temple, dont les murs sont encore noircis par la flamme des cierges qu'alluma la superstition, je veux faire briller à vos yeux le flambeau de la raison! Jusqu'à présent l'on vous a trompés, je vous apporte la vérité et le bonheur! Frères et amis, ces mots de Dieu, âme, immortalité, enfer, paradis, ont été inventés pour vous faire payer la dîme, pour soutirer de vos bourses le plus pur de votre argent. Ce sont là des contes bleus inventés par des hommes noirs. Nos grands pères ont eu la bonhomie d'ajouter foi à ces fables ingénieuses et perfides, leurs petits-fils auront le bon esprit d'en rire.

La plante, frères et amis, n'a d'autre avantage sur la terre, dont elle se nourrit, que sa faculté végétative; l'animal, sur la plante qui le nourrit, que la faculté sensitive; l'homme enfin, sur l'animal dont il se nourrit, que la faculté du tact et de la parole. Quelle vérité ressort de cette observation? Que la plante, l'animal et l'homme, après leur destruction, deviennent égaux dans une poussière de même nature! Bannissez donc toute crainte d'un autre monde, d'une autre vie! Soyez heureux ici bas, et obéissez, — en tant, cela va sans dire, que vous respecterez la République et la Convention, — à vos désirs et à vos passions.

On ne peut nier, frères et amis, que la Convention n'ait établi la fête de l'Être suprême; mais il faut que je vous révèle toute sa pensée. En agissant ainsi, elle a voulu d'abord détrôner Dieu; bientôt, lorsque cette vieille et ridicule superstition sera déracinée, elle abolira à son tour cet Être suprême, qui nous sert de transition pour passer des ténèbres à la lumière, et elle ne reconnaîtra plus alors que la fête de la Vérité. J'anticipe ici, frères et amis, au milieu de vous tous, qui êtes et qui allez devenir philosophes, la célébration de cette fête future, la seule logique et digne d'un peuple sensé!

Plus de ciel, plus de Dieu, plus de contes, plus d'Être suprême! Vivent les jouissances matérielles de la vie, le triomphe du bon sens, la liberté absolue et la fraternité!

L'officier de santé, après avoir prononcé ces derniers mots avec une animation et une violence extrêmes, essuya son front ruisselant de sueur et se rassit sur son banc, au bruit des fifres, des tambours et des applaudissements du maire, des enfants et de l'ex-clerc!

J'étais, quant à moi, malgré le mépris profond que me causaient de pareilles monstruosités, indigné au delà de toute expression.

— Pourquoi donc, mon officier, avez-vous logographié cet abominable discours? me demanda le régent de rhétorique en me voyant replier mes tablettes; je l'entends aujourd'hui prononcer au moins pour la millième fois.

— C'est justement parce que ce discours présente un échantillon exact et complet de l'éloquence actuelle, que je tiens à le conserver. Dans cinquante ans d'ici, il présentera un document précieux pour l'étude de notre époque.

J'espérais qu'après le long cri de haine et de folie poussé par l'officier de santé, les orateurs, ne trouvant plus aucun nouveau sacrilège à commettre, renonceraient à la parole, et que cette déplorable fête, puisque fête il y a, allait se terminer; je me trompais.

A peine l'officier de santé venait-il de se rasseoir, qu'une voix ferme et accentuée, dominant le bruit des fifres, des cornets et tambours, demanda la parole.

Le nouvel orateur était un grand et beau vieillard, dont la contenance pleine de calme et de dignité, la taille droite et encore souple, annonçaient une de ces existences simples et vertueuses qui laissent à l'esprit toute son intelligence et au corps toute sa vigueur, jusqu'aux dernières limites de la vie.

Le temps avait dépouillé de sa chevelure la tête du vieillard, mais non pas éteint le feu de son regard. Sa tête présentait un de ces types énergiques et placides tout à la fois, comme sait les trouver le pinceau de Greuze.

Appuyé sur un bâton noueux et le bras droit en avant, le vieillard resta un moment plongé dans ses réflexions : un grand silence s'était fait!

— Quel est ce beau vieillard? demandai-je à mon compagnon Jérôme Bontemps.

— C'est un des notables du conseil général de la commune, me répondit-il, mais écoutez, il va parler. Je me trompe fort, ou l'officier de santé ne jouira pas longtemps de son triomphe.

Avant que le vieillard eût prononcé une parole, j'étais déjà prévenu en faveur de ce qu'il allait dire. Que le lecteur juge donc combien fut grand mon désappointement, lorsque je l'entendis s'exprimer en patois.

— Pourquoi n'emploie-t-il donc pas le français? dis-je à l'ex-régent de rhétorique.

— Par l'excellente raison qu'il n'y a pas dans la réunion dix personnes qui parlent cette langue. Croyez-vous donc que, si nos braves paysans eussent compris tout à l'heure le discours de l'officier de santé, il eût été applaudi? Non, certes, loin de là : le carabin aurait passé un mauvais quart d'heure! Laissez-moi écouter, je vous prie! La nature manque d'art, c'est vrai, mais elle trouve parfois d'heureux mouvements d'éloquence.

— Me traduirez-vous ce discours au fur et à mesure qu'il sera prononcé?

— Fort volontiers; je m'y engage.

— Alors je me tais et je vous écoute.

Comme le notable du conseil général de la commune s'exprimait avec une certaine solennité pleine de lenteur, ce fut chose facile au régent d'accomplir sa promesse.

Le vieillard tint le langage auquel je m'attendais, c'est-à-dire un langage du cœur. Il commença d'abord par décrire l'incommensurable puissance et l'inépuisable bonté de Dieu, puis traduisant enfin le discours de l'officier de santé, il demanda aux assistants s'il était convenable de tolérer de tels blasphèmes?

A cette question posée simplement, sans emphase et sans colère, des cris de rage s'élevèrent de toutes parts, et les paysans, abandonnant les bancs où ils étaient assis, se précipitèrent, semblables à une avalanche, vers le malencontreux carabin qui, pâle, défait, sans voix et sans haleine, se mit à trembler de tout son corps et à demander grâce.

Les campagnards exaspérés ne voulaient rien entendre, et la scène menaçait de tourner au tragique, malgré les efforts du maire, qui, descendu de dessus son fauteuil, s'efforçait d'interposer son autorité entre la fureur de ses administrés et l'objet de leur courroux, lorsqu'un homme, âgé d'une cinquantaine d'années, vêtu avec un soin assez rare pour l'époque, d'un extérieur sévère et imposant, s'avança gravement au milieu de l'émeute et, d'une voix sévère, réclama le silence.

A l'apparition de cet inconnu, que je n'avais pas encore aperçu, le calme se rétablit sur-le-champ.

— Mes amis, dit-il, en désignant par un geste d'un souverain mépris le misérable officier de santé pâle et tremblant, ce n'est point de l'indignation, mais bien de la pitié que l'on doit ressentir pour les insensés! Faites sortir d'ici ce malheureux qui trouble la cérémonie, mais ne le maltraitez pas! Il ne croit pas, dit-il, à Dieu, vous voyez qu'il est déjà bien assez à plaindre!

L'inconnu, après avoir prononcé ces paroles que le vieillard s'empressa de traduire en patois à l'assistance, se retourna de nouveau vers le carabin et lui montra du doigt la porte de l'église. L'athée ne se fit pas prier. Il se sauva au milieu d'un concert de huées et de cris.

— Quel est cet homme? demandai-je à mon compagnon. Est-ce donc un commissaire du salut public pour qu'il jouisse d'une telle puissance? Mais non, l'acte d'autorité qu'il vient d'accomplir n'annonce pas un esprit révolutionnaire.

— Cet homme, me répondit le régent, est, comme vous et moi, un simple citoyen. Seulement son caractère éminemment honorable et ses vertus privées, appréciées comme ils méritent de l'être par les campagnards, lui donnent sur eux une grande influence. Avant la révolution il remplissait l'importante charge de lieutenant criminel. Il se nomme de N***. Désirez-vous que je vous présente à lui?

— Ma foi, je ne refuse pas! Les gens honnêtes, et qui ne craignent pas de le paraître, sont si rares aujourd'hui, que quand le hasard en met un sur votre route, on ne doit pas s'éloigner de lui sans lui laisser voir l'estime qu'il vous inspire.

Au sortir de l'église, la procession de la fête de l'Être suprême se dispersa en tous les sens, et je retournai avec mon compagnon le régent à la mairie. La première personne que j'aperçus en arrivant fut l'ex-lieutenant criminel de N***.

Ce dernier, en voyant Jérôme Bontemps, se mit à sourire et lui tendit affectueusement la main en l'appelant son maître. Mon ami, fidèle à sa promesse, me présenta à M. de N*** et lui fit un magnifique panégyrique de mes vertus privées.

Le soleil déclinait sensiblement à l'horizon lorsque je proposai au régent de nous remettre en route pour Nîmes ; mais son ancien élève, le maire, dont le mariage devait s'accomplir le lendemain, ne voulut jamais consentir à le laisser partir. Assez contrarié de rester un jour de plus dans ce bourg, où je ne connaissais personne, et où ne me retenait aucun intérêt de curiosité ou de sentiment, je songeais à poursuivre tout seul mon chemin, quand l'ex-lieutenant criminel, M. de N***, devinant sans doute mon ennui, me proposa de prendre place dans sa carriole, et de l'accompagner chez lui.

— Je ne demeure qu'à une lieue de Sauve, me dit-il, et comme cette ville se trouve sur votre itinéraire, je ne vois pas trop quel motif pourrait vous faire refuser ma proposition.

Je m'empressai d'accepter cette offre ; un quart d'heure plus tard je roulais vers la maison de campagne de l'ex-lieutenant criminel.

Pendant le trajet de deux heures que nous fîmes, j'eus tout le temps nécessaire pour apprécier l'esprit droit et solide, l'aménité de caractère, la profonde instruction de N***.

La maison de campagne qu'habitaient de N*** et sa famille était belle, spacieuse, et annonçait l'aisance.

— Suivez-moi, mon ami, me dit-il en jetant les rênes du cheval à un domestique qui, en entendant rouler la carriole, s'était empressé de venir ouvrir la grande porte d'entrée, je vais vous présenter à ma famille.

Deux femmes attendaient N*** au rez-de-chaussée. En le voyant, elles se jetèrent à son cou et l'embrassèrent avec une vive tendresse.

—Mon amie, dit le lieutenant criminel en s'adressant à la plus âgée des deux femmes, permets que je te présente un officier dont j'ai fait la rencontre aujourd'hui, et qui a bien voulu accepter l'hospitalité chez nous. Quoique notre liaison ne date que de quelques heures, je crois pouvoir affirmer qu'il est un galant homme et que tu le verras avec plaisir.

Madame de N***, qui dans le premier moment ne m'avait pas aperçu, s'empressa de me dire combien elle savait gré à son mari de la bonne fortune qu'il lui procurait, puis elle me fit passer dans le salon.

Une lampe placée sur une table, encombrée de ces menus ouvrages de couture et de broderie qui offrent aux femmes une ressource inépuisable contre l'ennui, éclairait cette scène de douces lueurs.

Je ne puis exprimer l'émotion pleine de mélancolie que me fit éprouver la vue de cet intérieur si calme et si tranquille qui me rappelait ma famille.

La fille de mon hôte que je n'avais encore que confusément aperçue, et qui s'était éloignée pour donner sans doute quelques ordres, revint bientôt. Je vis certes la plus jolie créature que poète ait jamais rêvée. A peine âgée de dix-sept ans, elle présentait une de ces beautés splendides et modestes tout à la fois que l'on admire et qu'il est impossible d'analyser, car tout en elles est âme et sentiment.

—Si vous voulez venir souper, mon père, dit-elle en embrassant tendrement le lieutenant criminel qui lui rendit sa caresse avec amour, le couvert est mis.

J'offris aussitôt mon bras à la femme de mon hôte, lorsque plusieurs coups précipités qui retentirent à la porte de la rue, nous firent nous arrêter subitement.

— Qui peut venir nous visiter à pareille heure ! s'écria madame N** dont je sentis le bras trembler sous le mien.

— Sans doute un ami, lui répondit tranquillement son mari.

Une minute plus tard nous entendîmes crier le sable du jardin sous un pas pressé et nerveux, puis presqu'aussitôt la porte du salon s'ouvrit et un jeune homme botté, éperonné, portant à la main un fouet de voyage, et revêtu d'une carmagnole, apparut à nos regards.

— Maurice ! s'écria la femme de l'ex-lieutenant criminel en s'avançant vivement vers le nouveau venu, qu'y a-t-il, mon ami ?... Je suis heureuse de te voir ; et cependant je ne sais, mais un secret pressentiment me dit que ta visite ici à pareille heure et sans être annoncée, cache une mauvaise nouvelle ! Parle, explique-toi !... je meurs d'inquiétude !

— Vous vous inquiétez à tort, ma bonne tante, répondit celui que madame N*** venait d'appeler Maurice ; mes affaires m'ont conduit à un quart de lieue de votre maison de campagne, et je n'ai pas voulu, me trouvant si près de vous, passer sans vous rendre visite, voilà tout.

— Bien vrai, Maurice, tu ne me caches rien ?

— Rien, ma tante, je vous assure, dit le jeune homme en rougissant légèrement.

Je remarquai que pendant tout le temps que dura le souper, le regard inquiet du jeune homme chercha constamment celui de son oncle et que ce dernier mit une vive obstination à l'éviter.

Le repas fut triste : en vain Maurice essaya de l'animer par ses saillies ; sa gaieté forcée et factice, — du moins elle me paraissait telle, — n'obtint pas le succès qu'il en attendait.

— Ma bonne amie, dit mon hôte lorsque nous nous levâmes de table en s'adressant à sa femme, j'ai plusieurs commissions à donner à Maurice, et je confisque ton beau neveu à mon profit. Demain matin je vous le rendrai libre de toute affaire.

M. de N*** prononça ces derniers mots avec une si parfaite tranquillité que sa femme fut rassurée ; peu après, elle partit emmenant avec elle sa fille.

— Eh bien, Maurice, dit mon hôte en se retournant vers le jeune homme, à présent que nous voilà seuls, tu peux parler sans crainte. Je cours un danger, n'est-ce pas ?

Maurice, avant de répondre, me regarda d'un air embarrassé ; comprenant que ma présence le gênait, je voulus me lever pour sortir, mais M. de N*** me retint.

— Tu peux parler sans crainte devant cet officier, Maurice, lui dit-il, je réponds de sa discrétion et de son honneur.

— Eh bien, alors, mon pauvre oncle, s'écria vivement le jeune homme, je puis vous avouer que vous avez été dénoncé de nouveau, et que vous n'avez pas de temps à perdre pour prendre la fuite, car si les renseignements que j'ai reçus sont exacts, — et j'ai tout lieu de le croire, — on doit être, à l'heure qu'il est, à votre poursuite.

— Ce mot est impropre, Maurice, répondit l'ex-lieutenant, toujours avec la même tranquillité et sans que rien dans sa voix décelât la moindre émotion : on ne peut pas être à ma poursuite puisque je ne suis pas en fuite.

— Mais, mon oncle, vous allez au moins partir de suite...

— Non, Maurice, ma conscience ne me reproche rien, je reste.

— C'est vous perdre ! s'écria le jeune homme avec désespoir.

— Quoi ! voudrais-tu que j'abandonnasse ta tante et ta cousine ! que je les laissasse exposées à la brutalité et à l'insolence des soldats chargés d'opérer mon arrestation ? Non, Maurice ! comme chef de famille ma place est dans ma maison : n'insiste pas, tes prières seraient inutiles ! Tu sais la maxime favorite de ma vie : « Fais ce que dois, advienne que pourra ! à la grâce de Dieu ! »

On devinait, dans la façon dont l'ex-lieutenant criminel fit cette réponse, une résolution tellement inébranlable, que le jeune homme ne jugea pas à propos d'insister : il connaissait sans doute, au reste, le caractère de son oncle.

— Et dis-moi, Maurice, continua ce dernier, c'est probablement à une nouvelle dénonciation de Charles que je devrai ma future arrestation ?

— Hélas, oui, mon oncle ! le misérable a déposé, au comité de salut public, une lettre qui vous était adressée par un émigré ; lettre fort compromettante pour vous, et que le hasard, dit-il, a fait seule tomber entre ses mains.

— Cela est un mensonge, Maurice ; je ne suis en correspondance avec aucun émigré ! Charles lui-même, — et que Dieu me pardonne si j'accuse ce malheureux à faux, mais je ne crois pas me tromper dans cette conjecture , — Charles lui-même est l'auteur de cette lettre : je reconnais, à ce moyen détourné, sa lâcheté et sa manière de se venger.

— De se venger, mon oncle, lorsque vous lui avez sauvé la vie !... Le misérable devrait, au contraire, bénir votre faiblesse !

— Oui, Maurice, en effet, j'ai été faible, injuste même au point de vue de la loi ; je porte la peine de ma partialité. Pourquoi me plaindre ?

Le lecteur comprendra sans peine combien ce dialogue entre l'oncle et le neveu, dialogue inintelligible pour moi et qui annonçait une catastrophe, devait m'intriguer. J'écoutais de toutes mes oreilles.

— Je vois à votre étonnement, mon cher adjudant, me dit M. de N*** en se retournant de mon côté, que ma conversation avec mon neveu vous intrigue. Si vous désirez connaître à quels événements passés nous faisons allusion, en parlant de ce Charles qui vient de me dénoncer, je suis prêt à satisfaire votre curiosité.

— Je vous sais gré de votre confiance, mon cher monsieur, lui répondis-je, mais s'il est vrai que vous deviez être arrêté, ne vaudrait-il pas mieux employer le temps qui vous reste à assurer votre fuite, que de le gaspiller en récits rétrospectifs et en vaines paroles ?... Voulez-vous, et c'est là une idée que je remercie Dieu de m'envoyer, voulez-vous revêtir mon uniforme et prendre ma feuille de route ?... de cette façon, il est probable que vous parviendrez à éviter vos ennemis.

— Je vous remercie infiniment de votre offre, me répondit M. de N*** d'une voix attendrie : je ne puis que vous répéter que pour rien au monde je n'essaierai de me soustraire par la fuite à la fausse accusation qui pèse sur moi.

— Mais, cependant, n'oubliez point que vous êtes père ! m'écriai-je, que votre sort est attaché à celui de votre famille !

— Assez, assez ! je vous en prie, taisez-vous ! s'écria mon hôte en m'interrompant avec une extrême vivacité. La tentation que vous me présentez ne peut ni affaiblir mon courage ni me faire changer de résolution, mais elle rend ma douleur plus amère... N'insistez donc plus, je vous en conjure !...

M. de N*** s'arrêta alors un moment ; puis, sortant presque aussitôt de la rêverie dans laquelle je le croyais plongé :

— Voulez-vous savoir l'histoire de ce Charles qui me poursuit avec tant d'acharnement ? me demanda-t-il tout à coup, probablement afin de couper court à mes supplications. Une fois que vous connaîtrez l'exposition des faits antérieurs, vous pourrez suivre avec plus d'intérêt la marche de ceux qui vont suivre. C'est toute une petite tragédie que le hasard a placée sur votre chemin. Quant au dénoûment, il est tellement prévu que, sans assister au cinquième acte, vous le devinerez sans peine.

M. de N***, rapprochant alors sa chaise de la mienne, allait commencer son récit, lorsque le saisissant vivement par le bras et lui imposant silence :

— N'entendez-vous pas ? lui dis-je en me sentant pâlir.

— Quoi donc ? me demanda-t-il toujours avec ce même sang-froid qui ne l'avait pas abandonné un instant depuis que son neveu lui avait appris le danger qui le menaçait.

— Ne dirait-on pas une troupe de cavaliers en marche ? Mais, oui... J'entends le bruit produit par le cliquetis de leurs sabres !

Hélas ! je ne m'étais pas trompé, bientôt nous distinguâmes, au milieu du silence de la nuit, la marche des chevaux, puis peu après nous entendîmes frapper violemment à la porte d'entrée qui donnait sur la campagne.

— Mes amis, nous dit l'ancien lieutenant criminel, dont la pâleur dénotait seule l'émotion, car sa voix n'avait rien perdu de sa fermeté et de son assurance, ne croyez-vous pas qu'il vaut mieux que je parte sans revoir ma femme et ma fille que de leur faire subir cette pénible scène des derniers adieux ? Cela serait impossible ! Les gendarmes envoyés pour m'arrêter ont reçu sans nul doute l'ordre d'apposer les scellés sur mes effets, meubles et papiers... Pauvre femme, fille chérie ! que Dieu vous donne la force d'accepter, sans murmure, le malheur qui frappe votre époux et votre père !

M. N*** se dirigeait, pour aller ouvrir à la force armée, vers la porte de la salle à manger où nous étions restés après le souper, lorsque cette porte, poussée du dehors, s'ouvrit violemment, et que sa femme entra.

— Qu'y a-t-il donc, mon ami ? dit-elle en s'élançant vers son mari, qu'elle saisit dans ses bras comme si, ayant le pressentiment du danger qui le menaçait, elle voulait le défendre. Quels sont ces coups qui ébranlent la porte ? Quel est ce murmure de voix et ce bruit de fer qui arrivent jusqu'ici ? On dirait qu'une troupe nombreuse envahit notre maison !

— Ma chère amie, répondit lentement M. N*** en prenant affectueusement la main de sa femme dans les siennes, je sais que ton âme est grande et forte, que tu as toujours mis ta confiance en Dieu, et que tu sauras, si jamais un malheur t'atteint, lui offrir tes souffrances ! Oui, ma bien-aimée, tes pressentiments de ce soir étaient fondés et ne te trompaient pas : dans une heure nous serons séparés. Mais, aie bon courage ! je suis, je n'ai pas besoin de te le dire, innocent du crime dont on m'accuse, et bientôt, je l'espère, je sortirai triomphant de cette épreuve.

L'émotion éprouvée par madame de N*** était telle, que non-seulement elle n'interrompit pas son mari, mais qu'elle resta encore, après qu'il eut cessé de parler, quelque temps sans lui répondre. Enfin, revenant à elle :

— C'est donc vrai que tu vas être arrêté ? s'écria-t-elle avec un accent si déchirant, que je me sentis remué jusqu'au fond de mon cœur.

— Oui, mon amie ; mais, je te le répète, je suis innocent, et Dieu, en qui je mets toute ma confiance, ne m'abandonnera pas... A présent, tendre et chère épouse, compose, je t'en conjure, ton maintien, essuie tes larmes, reprends ton sang-froid !... Il ne faut pas que devant mes geôliers tu trembles et tu pleures ! Ce n'est pas tout que de se résigner au malheur, on doit savoir aussi l'accepter avec dignité. Que tes pleurs et ton désespoir ne viennent pas déposer contre mon innocence ! Au nom de mon salut, sois calme ; je t'en conjure.

Pendant que M. de N*** s'exprimait ainsi, les coups de crosse frappés contre la porte d'entrée redoublaient de violence : nous entendions même une voix lugubre qui criait :
— « Au nom de la loi, ouvrez. »

— Obéissez, dit l'ex-lieutenant criminel en s'adressant à ses deux domestiques qui venaient d'entrer dans la salle à manger pour prendre ses ordres.

— Mon ami, dit vivement madame N***, ne pourrais-tu pas encore te sauver ? La maison est probablement entourée de troupes, mais cette cachette que nous possédons dans notre cellier...

— Non, ma chère femme, répondit l'ex-lieutenant criminel, je ne me cacherai pas !...

— Mais tu veux donc ma mort !... Tu ne comprends donc pas que, toi arrêté, je trouverai bien le moyen de me rendre assez coupable aux yeux de la loi pour me faire incarcérer, afin de partager ton sort !... Tu ne comprends donc pas...

— Je ne comprendrais jamais, madame, répondit d'un air sévère M. de N*** en interrompant sa femme, je ne comprendrai jamais que la douleur puisse vous faire oublier que Dieu a bien voulu vous accorder la joie d'être mère ; que cette joie n'est pas exempte d'obligations, et que parler ainsi que vous le faites est un crime de lèse-nature, indigne et de vous et du nom que vous portez !... »

Cette remontrance faite d'une voix ferme, mais que la douceur des regards de l'ex-lieutenant criminel rendait moins dure, me parut produire une profonde impression sur la pauvre femme.

« Merci, mon ami, de me rappeler ainsi aux sentiments du devoir et des convenances, dit-elle à son mari, en essuyant les larmes qui mouillaient son visage. Une femme ne saurait, en effet, mettre trop de soin à se rendre digne de l'honneur d'appartenir à un homme tel que vous ; un homme qui se trouve toujours au-dessus de la bonne et de la mauvaise fortune !... Oh ! ne craignez rien ! Je ferai en sorte de me mettre au niveau de votre vertu. »

Madame de N*** achevait à peine de prononcer ces paroles, quand une vingtaine de gendarmes envahirent la salle à manger où nous nous trouvions.

« Quel est celui d'entre vous qui se nomme le citoyen N***? demanda un officier qui tenait un rouleau de papier à la main.

— Vous savez bien que c'est moi, lieutenant, répondit M. de N***.

— Le fait est, citoyen, que voilà longtemps que nous vous connaissons ; mais vous savez, la loi n'a rien à voir avec les affections particulières et privées. Vous reconnaissez être le citoyen N***?

L'ancien lieutenant criminel fit un signe affirmatif de tête.

— En ce cas, continua l'officier de gendarmerie, au nom de la loi, je vous arrête ! Soldats, entourez cet homme et ne le perdez pas de vue.

— Je suis à vos ordres, lieutenant, dit M. de N***, sans rien perdre de sa sérénité ; partons !

— Pas encore ! Je dois auparavant faire mettre les scellés sur vos papiers.

— Voici la clef de mon secrétaire. Permettez-vous que je l'ouvre ?

— Oui, citoyen ; car je sais que vous êtes honnête ! »

M. de N***, après avoir ouvert le secrétaire, prit une bourse pleine d'or et un portefeuille bourré d'assignats qui s'y trouvaient, et garda ces deux objets dans sa main.

« Cachez donc cela, lui dit vivement le lieutenant de gendarmerie à voix basse. Que diable ! je ne puis répondre de mes hommes, une dénonciation est si vite faite. »

M. de N***, en se retournant alors, m'aperçut à ses côtés et me glissa dans les mains ces deux objets en murmurant :

« Ah ! béni soit Dieu ! Je me sens plus tranquille. Je laisse ma femme et ma fille au-dessus des atteintes de la misère. »

Je ne parlerai pas de la scène déchirante du départ : quoique madame de N*** fît les plus héroïques efforts pour conserver son sang-froid à la vue de sa fille qui éclatait en sanglots, elle ne put dompter plus longtemps la douleur sans nom qui la torturait, et se mit à pousser des cris déchirants.

« Partons, lieutenant, dit M. de N*** qui, à ce spectacle, sentait probablement son courage fléchir, et qui ne voulait pas se laisser vaincre.

— Vraiment, citoyen N***, s'écria l'officier de gendarmerie, je donnerais une année de solde pour vous voir libre !... Après tout, poursuivit le gendarme en élevant la voix de façon à ce que madame de N*** l'entendît, malgré la douleur qui l'absorbait, après tout, je crois, connaissant le motif futile pour lequel vous êtes appréhendé au corps, que vous serez bientôt rendu à la liberté ! Je ne regarde même, à vrai dire, cette arrestation que comme une simple formalité. »

« — Serait-il vrai, citoyen ? demanda madame de N*** à l'officier avec un tel élan de cœur que je sentis les larmes me monter aux yeux ; mais non, je comprends votre généreux mensonge.

— Citoyenne, sur ma parole de soldat, dit l'officier de gendarmerie en mordillant sa moustache avec fureur, sur ma parole de soldat, je ne veux pas vous tromper, et j'ai dit ce que je pensais.

— Tu vois, ma bonne amie, que tu avais tort de te désespérer ainsi, ajouta M. de N***, en jetant à la dérobée un regard plein de reconnaissance sur l'officier de gendarmerie qui, droit et au port d'armes, gardait une immobilité de statue. Allons, embrasse-moi encore une dernière fois et dis-moi au revoir. D'ici à peu de jours, nous nous trouverons de nouveau réunis. »

Madame de N*** et sa fille tombèrent alors dans les bras de M. de N*** et l'embrassèrent en pleurant, mais moins désespérées qu'elles n'étaient naguère.

« Partons ! s'écria tout à coup brusquement l'officier en sortant de son immobilité : j'ai laissé un convoi de prisonniers à Sauve, et je ne puis rester plus longtemps absent.

— Maurice ! s'écria madame de N*** en poussant doucement son neveu par le bras, j'espère que vous accompagnerez votre oncle ?

— Mais ma tante, je ne sais si je puis vous laisser seule.

— Oh ! ne craignez rien. A présent que je sais que l'absence de mon mari n'est que momentanée, que son arrestation, ainsi que vient de me l'apprendre le citoyen officier, n'est qu'une simple formalité, je suis calme. Partez, Maurice... Vous me rapporterez les derniers ordres de mon mari. Et qui sait, ajouta la pauvre femme, en se laissant aller, sentiment bien naturel dans un grand malheur, à l'espérance que l'on venait de faire luire à ses yeux, et qui sait si vous ne trouverez pas à Sauve l'ordre d'élargissement de mon mari, et si vous ne reviendrez pas tous les deux ensemble !

— C'est possible, ma bonne tante, répondit Maurice d'une voix tellement brisée que, si madame de N*** eût été moins absorbée par la pensée de la prochaine délivrance de son mari, elle aurait compris que tout espoir était perdu pour elle.

M. de N***, suivi et précédé par les gendarmes, sortit enfin de cette maison, qui une heure auparavant présentait l'image du bonheur intime et qu'il laissait alors habitée par le désespoir. Je le suivis.

Nous traversâmes la cour dans un profond silence. Ce ne fut que quand la porte retomba derrière lui que le malheureux N***, qui jusqu'alors avait montré une telle force d'âme, paya son tribut de faiblesse à l'humanité.

« Adieu ! êtres bien-aimés, vous qui étiez ma vie, dit-il avec un attendrissement qui touchait aux larmes et en jetant un dernier et long regard sur cette maison où il avait été si heureux et qu'il savait bien ne plus revoir ; adieu, ma femme et mon enfant ! Que Dieu vous protège ! Je ne puis plus rien pour vous ! J'appartiens maintenant au bourreau. »

L'ancien lieutenant criminel achevait de prononcer ces paroles, quand le lieutenant commandant la brigade de gendarmerie, s'adressant à lui :

« — Citoyen, lui dit-il, je vous connais depuis de longues années, et je sais que pas un homme n'est plus loyal que vous. Voulez-vous me promettre que vous n'essaierez pas de fuir, et je vous laisserai marcher avec vos deux amis à vos côtés, les mains libres et pouvant causer tout à votre aise.

— Je m'engage à ne pas essayer de fuir, répondit aussitôt M. de N***. A présent, lieutenant, permettez-moi de vous remercier du plus profond de mon cœur de la générosité dont vous avez fait preuve à mon égard. Croyez que je ne puis trouver de paroles assez énergiques pour vous exprimer toute la reconnaissance que me cause votre noble et généreux mensonge ! »

— Le fait est que, pour la première fois de ma vie, j'ai parjuré mon honneur de soldat, dit d'un ton bourru le lieutenant. Après tout, que diable, on a beau être gendarme, cela ne vous empêche pas d'appartenir toujours par quelque côté à l'humanité.

Tenez, j'ai souvent vu pleurer depuis que j'exerce; eh bien, croyez-moi ! je ne me souviens pas de m'être laissé une seule fois attendrir; mais tout à l'heure, si votre pauvre femme m'avait dit : Lieutenant, voulez-vous me faire le plaisir de laisser échapper mon mari, je lui aurais répondu : Je serai fusillé, citoyenne, mais ça ne fait rien; votre mari peut s'en aller !... Il y a vraiment des moments dans la vie où l'on est d'une bêtise effroyable...

—Mon lieutenant, n'essayez point de me donner le change sur votre sensibilité : vous êtes bon, humain, compatissant, voilà la vérité.

— Du tout, saprebleu ! je ne suis pas compatissant ! Voulez-vous bien ne pas dire de pareilles choses. Vous tenez donc à me déshonorer ! Et la preuve que ma faiblesse de tout à l'heure a été un accident, c'est qu'à présent je ne suis pas plus ému en vous conduisant à la mort, que s'il s'agissait pour moi de boire un verre de vin ! Mais, assez causé ! Je finirais, en continuant de bavarder ainsi avec vous, par me faire dénoncer par quelques-uns de mes hommes et être arrêté comme suspect.

Le lieutenant, après cette réponse, poussa son cheval au milieu de ses gendarmes, et nous restâmes seuls, l'ex-lieutenant criminel, Maurice et moi. Séparés par une distance d'une dizaine de pas de l'escorte, il nous était facile de causer sans craindre que notre conversation ne fût entendue; mais nous avions tous les trois le cœur tellement gros, que nous gardions un morne silence.

Ce fut M. de N*** qui, le premier, entama la conversation.

— Je regrette, mon cher hôte, que mon hospitalité ait si mal tourné pour vous, me dit-il; mais je ne pouvais raisonnablement prévoir ce qui est arrivé, ce coquin de Charles est la cause de tout ce malheur. Dieu veuille qu'il n'en soit pas puni !

— Oh ! il le sera, mon oncle, soyez-en sûr ! s'écria Maurice avec véhémence, sur mon honneur, je vous jure que cet infâme, s'il échappe à la guillotine, mourra de ma main !

— Maurice, dit gravement M. de N***, le serment que vous venez de proférer est une mauvaise action. Oubliez-vous donc que ma fille n'a plus que vous au monde pour appui ?

— Ah ! mon bon oncle, croyez...

— Oui, je sais ce que vous valez, Maurice !

— Mais, monsieur, dis-je alors à M. de N***, quel est donc ce Charles qui vous a dénoncé ?

— J'allais vous raconter son histoire, lorsque l'on est venu m'arrêter; écoutez-moi à présent, je vais vous la dire.

M. de N*** se recueillit pendant quelques secondes, puis reprit bientôt d'une voix aussi calme et aussi naturelle que s'il eût été dans son salon :

— Charles, me dit-il, est un de mes parents. Je ne vous raconterai ni son enfance indomptable, ni sa déplorable jeunesse. Qu'il vous suffise de savoir que Charles, à vingt-cinq ans, comparut devant moi comme accusé d'avoir commis un assassinat et un faux ! En mon âme et conscience, il était coupable de ces deux crimes, et si j'eusse voulu employer tous les moyens d'action que la loi m'accordait, il serait mort sur la roue ! Mais non !

Pour la première fois je faiblis dans l'accomplissement de mon devoir, et je sauvai le coupable de la peine capitale : il fut seulement condamné, son faux ne pouvant être mis en doute, à la flétrissure et aux galères. Voilà l'homme à qui je dois de me trouver aujourd'hui à la veille de monter sur l'échafaud.

— Ne poursuivez pas ce récit, je vous en prie, dis-je à M. de N*** en l'interrompant, ces souvenirs du passé ne peuvent que vous être pénibles.

A la clarté de la lune, alors dans son plein, je vis passer sur le visage de l'ex-lieutenant criminel un indéfinissable sourire de tristesse mélancolique.

— Je vous sais gré, mon cher monsieur, de votre délicatesse, me répondit-il d'une voix pleine de résignation et de douceur; mais, hélas ! je me sens trop près de l'éternité pour que l'image de mon passé se présente avec quelque vivacité à mon esprit ! Ma jeunesse n'apparaît, en ce moment, à mes yeux, que comme un rêve confus et effacé, qui brave l'analyse et qu'un prochain réveil va dissiper !

— Ne parlez pas ainsi, je vous en conjure, m'écriai-je avec un attendrissement que je ne pus dissimuler; qui sait si cet avenir que vous croyez fini ne vous réserve pas encore de longs jours de calme et de bonheur? Nous vivons à une époque où l'imprévu est seul probable, à une époque où les événements les plus divers et les plus étranges se multiplient avec une telle rapidité, que l'homme sage ne doit se laisser aller ni au découragement, ni à la confiance !

En réponse à ces paroles d'espérance, que je prononçais sans oser, hélas ! y croire moi-même, l'ex-lieutenant criminel se contenta de tourner lentement la tête en signe de doute, de dénégation; puis, après un moment de silence, et probablement dans l'intention de couper court à la conversation, il reprit son récit :

— Charles, continua-t-il, était aux galères lorsque la révolution éclata. Vous dire de quelle façon il s'y prit pour parvenir à recouvrer sa liberté, c'est ce que j'ignore; probablement, il trouva le moyen de se faire passer pour une victime politique; toujours est-il qu'il ne tarda pas à devenir un orateur véhément, un patriote remarquable, enfin, une de ces mille et une puissances qui règnent aujourd'hui sur la France par l'audace éhontée qu'ils déploient, et par la terreur qu'ils inspirent.

Des ennemis, jaloux de sa popularité, l'accusèrent devant une assemblée d'électeurs d'être dévoué à la monarchie. Charles, tombant dans le piège, demanda que l'on fournît la preuve de cette accusation. La preuve, lui répondit-on, tu la portes sur ta personne. Jette bas ta carmagnole, et l'on verra sur tes épaules, tracés en signes indélébiles, les emblèmes de la royauté.

Cette révélation accablante fit échouer la candidature de mon parent, qui, la rage et la vengeance dans le cœur, dut quitter la ville, où ses antécédents venaient d'être dévoilés d'une façon si publique et si éclatante.

Le misérable, oubliant alors et ses épouvantables antécédents et la partialité que j'avais eu la faiblesse de déployer à son égard, ne vit plus en moi que le juge qui l'avait fait flétrir, que l'homme qui avait brisé son avenir, et il tourna contre moi toute sa rage. Déjà une fois j'ai été arrêté sous un prétexte tellement ridicule, que devant la futilité de l'accusation, et devant surtout la colère et les menaces que montrèrent et firent entendre les paysans, l'autorité ne crut pouvoir me garder en prison plus de vingt-quatre heures.

Aujourd'hui, éclairé par l'expérience, Charles, ainsi que nous l'a appris mon neveu, a trouvé un moyen infaillible pour me perdre sans ressource. Il a simulé une lettre qui me serait adressée par un émigré, lettre que le hasard a fait, dit-il, tomber entre ses mains, et que, patriote dévoué, il s'est empressé de remettre au comité de salut public. Vous comprenez que devant une accusation si accablante pour moi, il ne m'est plus permis de conserver le moindre espoir.

— Pourquoi cela? m'écriai-je avec vivacité. Qui vous empêchera de dévoiler à vos juges la ruse infernale dont vous êtes la victime?... Vous leur raconterez et l'infamie de votre parent et la vengeance qu'il croyait avoir à exercer contre vous, et vous sortirez triomphant de cette accusation...

— On ne sort jamais triomphant, de nos jours, d'une accusation capitale, me répondit tranquillement l'ex-lieutenant criminel; il n'y a pas un seul exemple d'un citoyen absous, lorsqu'à son dossier s'est trouvée une preuve matérielle contre lui...

— Mais cette prétendue lettre d'un émigré est un faux...

— Certes. N'importe, je vois et j'entends déjà d'ici mes juges : Le citoyen N***, dira l'accusateur public, est convaincu d'avoir entretenu des relations criminelles avec un ci-devant, un ennemi de la République; nous possédons leur correspondance, en voici un passage. Alors, l'accusateur public donnera lecture au tribunal du passage le plus compromettant de la lettre écrite par mon cousin; des cris de fureur et d'indignation retentiront de tous côtés dans la salle d'audience; le peuple demandera que les débats soient clos et que l'on aille aux voix; puis, deux minutes plus tard, le président du tribunal proclamera, au milieu des bravos frénétiques de l'auditoire, la sentence qui me condamnera à mort, et tout sera dit! N'essayez donc pas de me donner un espoir que vous ne pouvez pas avoir vous-même, et qui ne ferait, si je m'y laissais aller, que de rendre mes derniers moments plus cruels!

Je compris qu'avec un homme aussi énergiquement trempé que l'était le lieutenant criminel, mes consolations banales étaient déplacées, et je gardai le silence. Pensant aussi qu'il ne serait pas fâché de passer les dernières heures qui lui restaient, seul avec son neveu Maurice, je m'éloignai peu à peu de lui, afin de ne pas le troubler dans ce dernier entretien.

V

Il était près de deux heures du matin lorsque nous arri-
vâmes à Sauve. Un peu avant d'atteindre cette petite ville, le lieutenant de gendarmerie avait fait placer M. de N*** au milieu de ses soldats. Maurice et moi, après avoir donné une dernière poignée de main à l'infortuné de N***, nous nous réfugiâmes dans un cabaret pour y passer la nuit.

Je n'ai pas besoin d'ajouter que ni le jeune homme ni moi ne songeâmes à profiter du mauvais lit qui se trouvait dans notre chambre. Assis en face l'un de l'autre, sur deux chaises vermoulues et boiteuses, nous nous regardions sans nous voir et nous observions un pénible silence.

Plusieurs fois, Maurice poussa des exclamations de joie en s'écriant : « Il est sauvé! » Alors je l'interrogeais et le jeune homme me communiquait un de ces projets insensés et impraticables comme le désespoir peut seul en inspirer; un moment je partageais son espoir, mais bientôt la réalité m'apparaissait telle qu'elle était et non telle que nous la faisions; alors, en entendant mes objections, Maurice poussait un profond soupir et retombait dans son morne silence.

A peine les premières lueurs du jour apparurent-elles à l'horizon, que nous nous empressâmes de nous rendre à la maison de détention, où l'ex-lieutenant criminel avait été réuni au convoi de prisonniers qui était arrivé la veille.

Grâce à mon uniforme, qui me donnait une certaine autorité morale; grâce surtout à une pièce de trente sols que je sus glisser à propos dans la main toute grande ouverte et à moitié tendue vers moi du porte-clés, j'appris que le convoi devait se diriger vers Paris, et que les prisonniers étaient destinés à comparaître devant Fouquier-Tinville.

— Hélas! s'écria Maurice, mon oncle avait raison : rien ne peut le sauver!

Le jeune homme, après avoir prononcé ces mots avec un accablement extrême, se laissa tomber sur une chaise, et, la tête appuyée entre les mains, parut plongé dans une méditation profonde.

— Allons, Maurice, du courage, lui dis-je, en lui frappant amicalement sur l'épaule; que diable! quand on est homme, on ne se laisse pas terrasser ainsi par la douleur. Allons, levez-vous, et puisque le citoyen, continuai-je en désignant le

porte-clés, nous assure que nous ne pourrons pas voir les prisonniers avant dix heures, si toutefois cette autorisation nous est accordée, employons les heures qui nous restent à prendre un peu de repos et de nourriture : venez.

Maurice se leva alors de dessus sa chaise. Je vis à ses yeux rouges et abattus que c'était pour cacher ses larmes qu'il avait fait semblant d'être absorbé par ses réflexions.

Une fois que nous fûmes hors de l'espèce de loge où nous avait reçus le geôlier, je regardai autour de moi pour voir si personne ne pouvait nous entendre; puis, satisfait de mon examen, car la rue était déserte, je me penchai vers l'oreille de mon compagnon, et baissant la voix :

— Maurice, lui dis-je, ne vous désolez pas ainsi : Dieu vient de m'envoyer une idée qui, je l'espère, doit sauver votre oncle.

— Oh ! je vous en conjure, ne me communiquez pas votre projet avant d'avoir mûrement examiné s'il est praticable, me répondit-il en me serrant fortement la main : la désillusion serait pour moi trop cruelle !

— Non, Maurice, je ne me trompe pas... ce projet n'est pas un rêve de mon imagination. Hier déjà il flottait indécis dans mon esprit, mais le désordre de mes idées m'empêchait de le saisir dans son ensemble. Ecoutez-moi attentivement, peu de mots me suffiront pour vous mettre au courant de mon espérance, vous verrez que nous avons dix bonnes chances pour nous contre une seule mauvaise... Oui, je vous le répète, votre oncle est sauvé.

A l'air de conviction et de fermeté avec lequel je prononçai ces paroles, Maurice, quoiqu'il ne sût pas le premier mot de mon dessein, éprouva une telle joie qu'il se jeta dans mes bras, et, me serran tendrement contre son cœur :

— Ah ! mon ami me dit-il, à partir de ce moment, je vois en vous un sauveur. Mais parlez vite, je vous en conjure !

— Voici, Maurice, le moyen que j'ai imaginé pour assurer pendant la nuit l'évasion de votre oncle?

— Quoi s'écria le jeune homme en m'interrompant, votre projet s'applique donc à la possibilité de faire évader mon oncle ?

III. s.

— Mais certes !... ne s'agit-il donc pas de le sauver, répondis-je, fort étonné de l'exclamation de Maurice.

— De le sauver, oui, reprit-il; mais vous oubliez qu'en offrant à mon oncle le moyen de s'évader, nous ne le sauverons pas, car il nous refusera.

— Mais c'est impossible, Maurice.

— Impossible, me dit Maurice, dont le visage un moment éclairé par l'espérance avait repris sa première expression d'accablement et de stupeur. Impossible ! Hélas ! n'avez-vous pas été témoin des prières et des supplications que je lui ai adressées hier au soir pour le déterminer à fuir, avant que l'on ne vînt l'arrêter, et de l'obstination inébranlable avec laquelle il m'a refusé. Merci, cher et excellent ami, de votre intérêt, mais hélas ! je le vois, vous ne pouvez rien pour mon oncle ! il doit mourir et il mourra.

— Dame ! que voulez-vous, Maurice, que je vous réponde ? Un innocent qui marche volontairement à l'échafaud lorsqu'il pourrait y échapper par la fuite, est un fou sublime que l'on peut admirer et plaindre, mais non sauver ! Je désespère à présent du salut de votre excellent oncle.

Après une course de quelques heures aux environs de la ville, car nous étions, Maurice et moi, tellement agités, que l'immobilité nous eût été impossible, nous revînmes à la maison de détention.

— Vous ne pouvez entrer, citoyens, nous dit le porte-clés, dont j'avais fait la connaissance, à moins d'avoir un permis de l'un des membres du comité de salut public. La consigne est formelle à cet égard.

Le président du comité de salut public, chez qui nous nous rendîmes de suite, se refusa d'abord formellement à nous délivrer un laisser-passer; mais ayant appris qu'il s'agissait de M. N***, il changea aussitôt de ton et de langage, et me donna l'autorisation que nous sollicitions.

— Vous voyez, me dit Maurice en sortant, à quel point mon oncle est estimé et apprécié par ses ennemis ! Il y a des caractères et des vertus que l'on ne peut méconnaître, des hommes qui en imposent et que l'on respecte, même lorsqu'ils sont tombés dans le malheur !

La maison de détention de la petite ville de Sauve, qui servait seulement à renfermer les prisonniers de passage conduits à Paris, était un ancien couvent que l'on avait, tant bien que mal, approprié à la hâte pour cette nouvelle destination. Lorsque nous revînmes munis de notre permis, le geôlier nous apprit que les prisonniers étaient à déjeuner en commun dans l'ancien réfectoire, et il demanda si nous désirions attendre la fin de ce repas, afin de pouvoir voir M. de N*** en particulier. Comme le convoi devait se remettre dans une heure en marche, et que par conséquent les minutes étaient précieuses, nous répondîmes que désirant seulement voir le citoyen N*** et n'ayant rien à lui communiquer de secret et de particulier, peu nous importait la présence de ses compagnons d'infortune.

Après avoir traversé un long corridor coupé par plusieurs portes épaisses, nous arrivâmes dans le réfectoire où se tenaient les prisonniers.

M. de N***, à notre vue, se leva vivement de table et s'avança vers nous en nous tendant la main.

— Maurice! monsieur! s'écria-t-il en nous apercevant, son neveu et moi; je ne puis certes blâmer cette dernière preuve d'amitié et de dévouement que vous voulez bien me donner en venant me trouver jusqu'ici, mais je vous avoue que j'eusse préféré ne pas vous revoir! Je fais mes efforts pour me détacher entièrement de la terre, et tout ce qui me rappelle une affection affaiblit mon courage!

— Quoi, mon oncle, dit le jeune homme avec un profond accent de tristesse, vous me refusez cette dernière consolation! Vous me repoussez!...

— Non, mon bon Maurice, j'aurais préféré, je le répète, que tu ne fusses pas venu, mais à présent que tu es près de moi, je ne me sentirai plus le courage de me priver de ta présence. Au reste, j'ai encore quelques instructions à te donner au sujet de ma famille! Suis-moi!...

M. de N*** après m'avoir, par un signe de tête et par un regard, demandé la permission de rester seul un moment avec son neveu, prit ce dernier par le bras et l'entraîna à l'extrémité du réfectoire.

Il y avait à peu près une demi-heure que nous étions avec les prisonniers, lorsque le geôlier vint nous avertir qu'il fallait nous retirer.

Les adieux de Maurice et de son oncle furent touchants : pour la première fois depuis son arrestation, le lieutenant criminel montra une lueur de faiblesse, et ne put retenir une larme en prononçant le nom de sa femme et de sa fille!

— Adieu, monsieur, me dit-il en m'embrassant, que Dieu récompense par le bonheur de votre vie la générosité et la noble pitié que vous m'avez montrées, et l'un de mes vœux les plus ardents sera accompli!

Je ne cacherai pas que, sentant ma fermeté faiblir, je n'eus que la force de m'enfuir sans répondre :

Nous trouvâmes en sortant la plus grande partie des habitants de la petite ville de Sauve réunis devant la porte de la prison et attendant le départ des condamnés pour les voir passer. Nous nous joignîmes à eux. Déjà les deux voitures attribuées à ce transport étaient arrivées, déjà la moitié de l'escorte caracolait à cheval, lorsque le geôlier sortit d'un air effaré, et, s'adressant à la foule :

— Y a-t-il un médecin? demanda-t-il à haute voix. Un misérable ci-devant, afin d'éviter le supplice qu'il a mérité, vient de s'enfoncer un couteau dans la poitrine!

A ces paroles, une poignante émotion me saisit au cœur; je regardai Maurice, et je devinai à la pâleur extrême et à l'égarement de son regard que la même pensée venait de se présenter en même temps à mon esprit et au sien.

Que l'on juge combien mon émotion augmenta encore, lorsque j'entendis partir tout à coup, derrière moi, un de ces cris tellement déchirants que l'on ne peut les traduire avec la plume, — un de ces cris que la douleur, atteignant aux limites de la folie, peut seul trouver, — et quand, en me retournant, je vis madame de N***, que sa fille soutenait dans ses bras.

— Ma tante! vous ici! s'écria Maurice en apercevant la

malheureuse femme et en se précipitant à son secours. Au nom du ciel! calmez-vous!...

— N*** est mort! dit l'infortunée d'une voix sourde et sans que rien indiquât en elle qu'elle eût reconnu son neveu. Laissez-moi mourir!... Je veux le rejoindre!... c'est mon devoir!...

Madame de N*** resta alors pendant quelques instants dans une immobilité effrayante : puis, poussant enfin un nouveau cri, elle tomba dans une épouvantable crise de nerfs.

— Je dois rendre cette justice aux habitants de Sauve, qu'ils se montrèrent excellents et pleins de pitié pour la pauvre victime; ils offrirent à l'envi leurs services à Maurice et l'aidèrent avec empressement à transporter sa tante dans une maison voisine.

Pendant que cette scène de désolation avait lieu au dehors, un médecin était entré dans la prison, pour tâcher de conserver à l'échafaud le ci-devant qui venait de tenter de s'y soustraire par une mort volontaire.

Au moment où l'Esculape de province passait le seuil de la maison de réclusion, je le saisis par le revers de son habit et lui demandai avec une impérieuse vivacité quel était le prisonnier qui avait voulu se suicider, et s'il avait réussi.

— Je ne le connais pas personnellement, me répondit-il, c'est un homme vêtu de noir et âgé d'environ quarante ans; il vient d'entrer dans l'agonie et n'a pas plus de cinq minutes à vivre! Ses compagnons sont consternés; il n'y a qu'une vieille pimbêche, ridiculement attifée, que ce spectacle semble n'avoir nullement impressionnée. Elle ne fait que lever les épaules d'un air de pitié et répéter sur le même ton :

— Monsieur aura eu peur de retrouver, ce qui eût pu compromettre sa noblesse, quelque cousin-germain parmi les aides chargés de son exécution! Voilà pourquoi il s'est si bravement transpercé!

— Mais alors, m'écriai-je sans lâcher le revers de l'habit du médecin, ce n'est donc pas le citoyen N*** qui s'est suicidé?

— Mais nullement, me répondit-il, je connais personnellement le citoyen N***, que je viens en effet d'apercevoir parmi les reclus, c'est un homme de grand cœur, qui ne craint pas l'échafaud et que sa religion empêcherait au reste d'attenter à ses jours.

— Merci, m'écriai-je en abandonnant le médecin, et en me lançant comme un fou dans la direction de la maison où Maurice venait de transporter sa tante.

— Maurice, dis-je en arrivant, ce n'est pas ton oncle qui s'est tué!... je te jure sur l'honneur que je ne cherche pas à te tromper, ton oncle se porte bien.

Prodige de tendresse, que je raconte parce que je l'ai vu, mais que je ne me charge pas d'expliquer : madame de N*** qui, au moment où je prononçai ces paroles, était toujours en proie à une de ces crises nerveuses qui suffisent pour ébranler la raison la plus forte : madame de N*** qui se tordait sur sa couche de douleur, et que cinq hommes robustes étaient presque insuffisants à contenir pour l'empêcher de se briser la tête contre les murs; madame de N*** dis-je, dès que j'eus annoncé à Maurice que le suicidé n'était pas son oncle, se calma comme par enchantement, retrouva la raison, la parole, et me demanda d'une voix fort intelligible, quoique encore un peu tremblante, si j'étais bien assuré de ne pas me tromper.

Sur ma réponse affirmative, la malheureuse se leva vivement et se dirigea vers la porte en disant qu'on la laissât sortir si on ne voulait pas la tuer, car elle avait besoin de voir son mari.

Madame de N***, soutenue par Maurice, se dirigeait vers la prison, lorsque je la rejoignis.

— Madame, lui dis-je, ne vous désespérez pas d'avance et veuillez m'attendre : je cours chez le président du comité de sûreté publique chercher un laissez-passer qui vous donnera accès dans la maison de réclusion.

— C'est inutile, interrompit un des assistants, voici les prisonniers qui sortent pour remonter en voiture.

En effet, un mouvement qui s'opéra aussitôt dans la foule vint confirmer ce propos, et quelques secondes plus tard nous vîmes apparaître, au milieu d'une haie de gendarmes, les victimes vouées à Fouquier-Tinville.

— Mon ami, s'écria madame de N*** qui, en apercevant son mari, repoussa tous ceux qui l'entouraient, ainsi que Maurice, qui essayait en vain de la retenir, et se précipita avec une sauvage énergie vers celui qu'elle était habituée depuis tant d'années à respecter et à aimer.

Hélas! cet élan du cœur, qui eût désarmé la rage des tigres, ne put rien sur l'inflexible consigne : les gendarmes saisirent brutalement la malheureuse femme et l'empêchèrent d'arriver jusqu'à son époux.

— Que diable! dit l'un d'eux, si tu fais de telles façons parce que l'on emmène ton citoyen, à quelles extravagances te livreras-tu donc le jour où on lui coupera le col?...

— Mais mon mari sera donc condamné à mort! s'écria madame de N*** en chancelant.

— Parbleu! reprit le gendarme, crois-tu bonnement que la République s'amuse à héberger et à payer le transport des conspirateurs pour rien du tout? Fouquier-Tinville est un gaillard qui ne fait pas crédit! Avec lui, il faut payer comptant.

Je suis persuadé que, si le gendarme eût pu se douter du terrible effet que devait produire sa brutale réponse, il se fut tû ; mais, habitué aux scènes de désolation, et regardant sans doute comme la chose la plus insignifiante du monde une exécution à mort, il ignorait qu'il est des paroles qui tuent aussi bien que la hache du bourreau.

Madame de N***, à cette révélation, qui la frappait comme un coup de foudre, car jusqu'alors elle n'avait pas cru son mari en danger, madame de N***, dis-je, s'affaissa doucement et resta privée de sentiment entre les bras de Maurice.

Jamais je n'oublierai l'expression de fureur sublime que refléta le visage de l'ex-lieutenant criminel, lorsqu'il vit tomber sa femme ; l'éclair qui brilla alors dans le regard de cet homme, ordinairement si calme et si digne, fit reculer les gendarmes; si N*** eût pu, en ce moment, s'emparer d'une arme, je suis intimement persuadé qu'il eût mis en fuite les vingt soldats qui l'entouraient.

Toutefois, comprenant probablement son impuissance et ne voulant pas compromettre inutilement son caractère, N*** reprit presque aussitôt l'air calme et digne qui ne l'abandonnait jamais, et ses yeux se levèrent vers le ciel avec une indéfinissable expression de résignation douloureuse.

— Allons, en route! s'écria l'officier de gendarmerie qui commandait l'escorte et qui, la veille, s'était montré si humain envers l'ex-lieutenant criminel, lorsqu'il avait procédé à son arrestation.

L'appel des prisonniers, qui déjà avait été fait à leur sortie de prison, se renouvela lorsqu'ils montèrent dans les voitures.

Déjà la foule s'écartait pour livrer passage au funèbre convoi, lorsqu'un incident vint en arrêter le départ. Un garçon d'écurie, monté à poil sur un cheval poussif, s'avança vers le lieutenant et lui dit quelques mots à voix basse.

— Es-tu fou? s'écria l'officier. Quoi! tu te figures que je m'en vais faire dételer mes voitures pour t'en livrer les chevaux!...

— Mais, lieutenant, il n'y a pas à balancer ; il s'agit du secrétaire-général et intime du représentant de Marseille, du citoyen Jouveau. Or, tu dois savoir qu'il a le bras long, le citoyen!... En deux traits de plume, il te mettrait à pied, et avec un mot de plus, il te ferait conduire en lieu de sûreté par tes propres soldats!... Faut donc pas me refuser avec tant d'empressement et sans réfléchir...

Au nom de Jouveau, nom que je m'attendais si peu, certes, à entendre prononcer devant moi, une inspiration soudaine me traversa l'esprit. Je crus voir dans cette singulière rencontre le doigt de Dieu, et quoique je me fusse, le lecteur doit s'en souvenir, séparé en fort mauvais termes de mon cousin, je résolus de faire auprès de lui un appel à notre ancienne amitié, en faveur du malheureux lieutenant criminel.

M'adressant aussitôt à l'officier de gendarmerie : — Mon collègue, lui dis-je, le citoyen Jouveau est mon parent et je le connais intimement ; si vous m'autorisez à me rendre auprès de lui de votre part, je me fais fort d'arranger cette affaire.

— Vous me rendriez un véritable service, me répondit le gendarme; allez, je vous attends.

Je m'élançai aussitôt en croupe derrière le garçon d'écurie.

Trois minutes plus tard, je descendais devant la maison de poste, où se tenait une voiture dont les cinq chevaux dételés, couverts d'écume et de sueur, semblaient exténués et étaient, certes, incapables de continuer leur chemin.

— Eh bien! s'écria Jouveau lui-même en passant la tête à travers la portière et en s'adressant au garçon d'écurie, eh bien! et ce nouvel attelage, où est-il?

— On ne peut te le donner, cousin, répondis-je en me laissant glisser le long de la croupe du cheval et en courant vers la portière.

Je dois avouer que ma vue arracha à Jouveau une grimace assez significative et nullement flatteuse pour mon amour-propre : il était évident que mon cousin se fût volontiers passé de ma présence.

— Quoi, Jouveau, lui dis-je, c'est ainsi que tu me reçois! Ingrat! tu fronces les sourcils en m'apercevant, tandis que, moi, je cours à toi les bras ouverts!

— Cousin, me répondit Jouveau, tu sais que je ne suis nullement vindicatif et que les injures n'ont pas prise sur moi; mais tu n'ignores pas non plus que je déteste rencontrer l'ennui sur mon chemin. Or, en t'apercevant, je me suis rappelé, non les propos et les malédictions que tu m'as jetés à la tête en prenant congé de moi, mais bien les sermons que tu avais pris l'habitude de me faire, et j'ai frémi en songeant que tu allais encore m'accabler de morale. A présent, es-tu converti aux bons principes et devenu un aimable égoïste, un bon vivant? Alors, c'est tout différent, et je te tends la main de tout cœur.

— Oui, cousin, répondis-je en affectant une gaieté loin de mon cœur, je suis converti aux bons principes, et je conviens que j'ai été jusqu'à présent un imbécile de repousser la fortune qui s'est offerte à moi, parce qu'elle se présentait d'une façon un peu irrégulière! Vivent le plaisir et l'or! voilà ma nouvelle devise.

— Ah! parbleu, s'écria Jouveau, dont le visage s'était éclairci à mesure que je parlais, je ne me serais jamais attendu à une pareille conversion. Je te retrouve tel que mon cœur t'avait rêvé! Cousin, un pressentiment me dit que nous n'aurons, ni toi ni moi, à nous repentir du hasard qui nous réunit d'une façon si imprévue. Je sais que je puis implicitement compter sur ta probité vis-à-vis de moi, je te reconnais pour un homme d'esprit, tu es à peu près la seule personne que j'aie aimée de ma vie; tu vois qu'il y a mille à parier contre un que nous ferons de bonnes affaires... Tu peux, dès ce moment, disposer aveuglément de mon crédit.

— Ma foi, cher cousin, m'empressai-je de répondre tout en essayant de conserver un air d'indifférence, quoique le cœur me battît violemment, ma foi, cher cousin, j'accepte avec d'autant plus de plaisir ton offre, qu'elle arrive on ne peut plus à propos. J'ai justement un service à te demander.

— Au moins, tu ne perds pas de temps! Et lequel cousin?

— D'abord, de t'emparer des chevaux que l'on te refuse...

— Me refuser quelque chose, à moi! dans ce département! Allons donc! tu rêves.

— C'est pourtant comme j'ai l'honneur de te le dire! Un officier de gendarmerie s'est emparé de ces chevaux pour opérer le transport de plusieurs prisonniers qu'il escorte; or, cet officier prétend que, l'autorité militaire l'emportant sur l'autorité civile, tu n'as qu'à attendre que ton attelage soit reposé, mais qu'il ne te cédera pas le sien...

— Ah! il prétend cela, l'officier de gendarmerie!... répéta Jouveau en mordant sa moustache avec colère; mais il pourrait bien se tromper, l'officier! Tiens, cousin, fais-moi le plaisir de lui porter ces deux lignes. Si cela ne suffit pas, j'aurai recours à un autre moyen.

— Et la faveur que j'ai à te demander? dis-je en prenant le feuillet que Jouveau venait de griffonner, puis d'arracher de son portefeuille.

— Nous en reparlerons tout à l'heure. L'important pour le moment, c'est que ce gendarme, si fier de son uniforme, sache que je veux avoir les chevaux dont il s'est emparé. Dépêche-toi; s'il était parti, tu courrais après lui.

Je renfourchai aussitôt la rosse qui m'avait déjà servi, et m'élançai, la joie et l'espérance au cœur, vers la maison de réclusion.

A peine fus-je hors de la vue de Jouveau, que je lus le billet qu'il venait de me remettre. Il contenait ces simples mots :

« Fichue canaille! qui veux t'opposer à la mission dont je suis chargé par la Convention, tu es donc un conspirateur? Tes chevaux ou la mort ! »

— Ma foi, pensai-je après avoir pris connaissance de ces lignes dignes de Tacite, il est probable que ce pauvre M. de N*** ne partira pas aujourd'hui de Sauve. Qui sait! le proverbe prétend que « qui a terme a vie » ; le proverbe pourrait bien avoir raison.

Le lieutenant de gendarmerie, après avoir jeté les yeux sur le billet, ne put dissimuler sa mauvaise humeur; mais prenant aussitôt son parti :

— Nous ne partons pas aujourd'hui, dit-il en se retournant vers ses gendarmes; qu'on reconduise les accusés en prison.

N'ayant, le lecteur le comprendra sans peine, ni temps à perdre, ni compliments à attendre de la part de l'officier, pour la façon dont j'avais rempli ma mission auprès de mon cousin Jouveau, je m'empressai de m'éclipser sans bruit.

— Maurice! m'écriai-je en apercevant le jeune homme qui venait d'abandonner un moment sa tante aux soins des braves gens qui l'avaient recueillie, pour accourir rassurer son oncle; Maurice, les moments sont précieux; pas de questions, je vous prie, mais des réponses précises.

— Parlez, me dit Maurice avec émotion.

— Votre oncle est-il riche?

— Oui, me répondit-il, sans entrer dans aucune explication pour se conformer à mon ordre.

— Peut-il disposer d'une somme de cent louis en or?

— Oui.

— Très-bien : plus un mot. Je n'ose vous affirmer que votre oncle soit sauvé, mais cependant je puis vous assurer que sa position s'est singulièrement améliorée depuis un quart d'heure. A revoir. Allez m'attendre à l'auberge. Que Dieu vous protège!

En parlant ainsi, je remontai à cheval et m'en fus, laissant le jeune homme en proie à une anxiété qui, il me l'avoua par la suite, lui fit douter un moment de sa raison.

— Eh bien! me cria Jouveau d'aussi loin qu'il m'aperçut, le gendarme s'est-il révolté?

— Non, cousin. Il paraît, au reste, que ton billet était rédigé de main de maître, car à peine y eut-il jeté les yeux, qu'il donna l'ordre de dételer.

— Cela prouve que cet officier est un garçon d'esprit. Ainsi je puis continuer mon voyage?

— Rien ne s'y oppose, cousin, si ce n'est cependant qu'il est l'heure de déjeuner, que je meurs de faim, et que si tu voulais bien t'arrêter à Sauve une heure ou deux, tu trouverais en moi un convive digne de te tenir tête.

— Je ne demanderais pas mieux, mais je suis tellement pressé... Au fait, la République ne me décernera pas une médaille d'or parce que j'arriverai là où l'on m'attend une heure ou deux plus tôt ou plus tard !... Va pour le déjeuner.

Ce que j'avais prévu et espéré arriva, c'est-à-dire que mon cousin Jouveau ou Curtius, lorsqu'il eut vidé deux bouteilles de vin, devint d'une humeur charmante.

— A propos, cousin, me dit-il, quelle est donc cette faveur que tu avais à me demander?

— Mon cher Curtius, voici en peu de mots ce dont il s'agit : Hier, le comité révolutionnaire du district a donné l'ordre d'appréhender au corps et de diriger sur Paris un certain ex-lieutenant criminel du nom de N***. La cause de cette arrestation est une dénonciation calomnieuse dont il sera facile de le justifier...

— Diable! dit Curtius en m'interrompant, un ex-lieutenant criminel ne peut être que coupable, car le peuple aime beaucoup à voir exécuter ces sortes de gens. Quant à moi, je garde toujours en réserve quelques employés de l'ancien régime pour les jours où les provisions de grains manquent... As-tu fait valoir ces considérations à ton protégé?... Vraiment j'ai peur que tu n'aies encore emmanché cette affaire avec une déplorable bonhomie, ou que tu aies laissé voir le fond de ta bourse sans fonds !...

— Cousin, tu me fais injure, m'écriai-je. Ecoute-moi donc avant de me juger. D'abord, et avant tout, je dois repousser avec indignation ce mot de protégé que tu viens d'employer pour désigner mon client. Je protége mes intérêts, et voilà tout...

— Très-bien, cousin... Ta métamorphose me comble de surprise et de joie. Continue. Je commence à croire que tu me vaux presque...

— L'ex-lieutenant criminel N***, continuai-je, est un original qui préfère monter sur la guill'otine à entrer en transaction; c'est donc avec son neveu, jeune homme plein de franchise et de naïveté, que j'ai dû traiter.

— Ah ! ah ! on ne peut mieux.

— Ce neveu, que j'ai effrayé en lui faisant une peinture effroyable de la guillotine, m'a promis, si j'obtenais la mise en liberté de son oncle, de me rendre une visite à l'auberge où je demeure, et d'oublier en sortant cent louis sur la cheminée de ma chambre !

— En or, et non en assignats !

— Jouveau, m'écriai-je d'un ton de reproche, il faut que tu aies une bien mauvaise opinion de moi, pour m'accabler ainsi d'insultes ! J'ai stipulé en louis d'or, et j'ai même eu soin de faire remarquer que, n'étant pas un agioteur, je n'accepterais ces louis qu'au taux de vingt-quatre livres, et sans tenir compte du change extraordinaire auquel l'or est coté aujourd'hui, vu sa rareté.

— Tu as songé au change, s'écria Jouveau en me sautant au col et en m'embrassant. Cousin, tu es un garçon d'avenir, et tu arriveras à tout! Si jamais tu devenais ministre, je me recommande à toi. Quant aux cent louis, je les refuse.

— Tu les refuses! répétai-je en ne pouvant cacher la stupeur que me causa cette réponse.

— Sans hésiter, cousin ! Ecoute-moi à ton tour ! Que ton ex-lieutenant criminel soit coupable ou non, peu importe; la question n'est pas là. La véritable façon d'envisager l'affaire est celle-ci : Quels profits peut-on retirer, politiquement parlant, de l'exécution d'un magistrat ayant appartenu à l'ex-monarchie? à quels dangers s'expose-t-on en le sauvant? Je trouve, moi, que les avantages qu'offre la mort d'un semblable personnage sont très-grands : c'est une queue de chien d'Alcibiade que l'on coupe juste à l'heure où la curiosité publique s'acharne après une de vos actions que vous ne tenez pas précisément à expliquer.

C'est un moyen certain de distraire le peuple le jour où la ration de pain diminue de poids et baisse de qualité ; une distraction infaillible à l'heure où l'on reçoit la nouvelle d'un désastre militaire, etc., etc. A présent, quant aux dangers auxquels je m'expose en escamotant la tête de ton client au bourreau, je t'avouerai franchement, entre nous, qu'ils sont à peu près nuls.

Mais au total, comme ils pourraient exister, il faut en tenir compte comme s'ils existaient. Or, jouer sa liberté et son existence pour cent louis, quand on occupe déjà une position sociale agréable, ce serait le fait d'un fou... Voilà, il me semble, des considérations que tu aurais dû faire valoir auprès du neveu candide et naïf qui t'a offert les cent louis.

— Je ne me dissimule pas, cousin, répondis-je, en affectant de rire, que je ne suis encore qu'un faible diplomate en comparaison de toi. La bonne volonté ne me manque certes pas ; mais je pèche par la pratique. Toutefois, permets-moi d'essayer de répondre aux objections sur lesquelles tu fondes ton refus.

— Inutile, cher ami, me répondit Curtius. Je ne reviens jamais sur une résolution prise.

— Ainsi, dis-je en faisant un violent effort sur moi-même, pour dissimuler mon douloureux désappointement ; ainsi, je dois renoncer à l'espoir de voir ma bourse perdre cette légèreté qui me désespère, et me retire mon aplomb !

— Parbleu ! c'est justement là, cousin, où est toute la question. Tu m'apportes une affaire de cent louis, mais tu ne me proposes pas cent louis !... Après tout, quelles sont tes prétentions ?

— Moi, cousin, répondis-je, j'ai absolument besoin de vingt-cinq louis !

C'est-à-dire que tu ne m'en laisses que soixante-quinze... Ce n'est pas assez. Si le neveu candide et ingénu, dont il a déjà été parlé entre nous, voulait porter la somme à cent cinquante louis et toi te contenter de quatre cents livres, alors, je ne dis pas...

— Ah ! Jouveau, m'écriai-je d'un ton de tendre reproche, peux-tu bien me marchander pour une semblable bagatelle, et m'exposer à perdre cette bonne aubaine, que le hasard m'envoie si à propos ! Tu ne m'aimes donc pas !

— Vraiment tu m'attendris, cousin ! Eh bien, oui, je consens en faveur de l'amitié qui nous unit, à te laisser cinq cents livres... mais à une condition, c'est que le neveu me comptera, pour moi, en or, cent vingt-cinq louis. C'est à prendre ou à laisser.

— J'ai bien peur que l'on me refuse, répondis-je en jouant la mauvaise humeur ; enfin je vais voir !...

En parlant ainsi je me levai de table ; mais, au moment où j'allais sortir, Jouveau me rappela.

— Voilà une excellente idée qui me vient, cousin, me dit-il ; veux-tu, pour forcer la main au neveu, que je le fasse arrêter ! J'ai justement sur moi plusieurs mandats signés en blanc ?

— Faire arrêter Maurice ! m'écriai-je, prêt à laisser échapper mon indignationn.

— Dame ! me répondit froidement Curtius-Jouveau, — c'est une galanterie que je veux bien te faire. Tu conçois que, pourvu que je touche mes cent vingt-cinq louis, je n'ai rien de plus à réclamer !

— C'est que, vois-tu, cousin, ce jeune homme m'a l'air d'être têtu comme son oncle... Une fois arrêté, il ne payerait plus... Laisse-moi mener cette affaire à ma guise...

— Je t'accorde un quart d'heure, pas plus.

— Soit, un quart d'heure me suffira, répondis-je en m'en allant.

<h2 style="text-align:center">VI</h2>

Maurice, que je trouvai à l'auberge, où il m'attendait, ne put retenir une exclamation de désespoir en apprenant les exigences de mon cousin.

— Mon oncle et moi, en réunissant nos bourses, nous ne pouvons disposer de plus de cent louis, me dit-il. Si ce Curtius nous accordait vingt-quatre heures !

— Hélas ! Curtius doit repartir tout à l'heure !

— Oh ! s'écria Maurice, toucher de si près à la réussite, tenir l'existence de mon oncle entre les mains et le laisser mourir !... Non, cela n'est pas possible ! Mon ami, mon frère, conduisez-moi, je vous en supplie, près de votre cousin.

— Je le veux bien, mais je doute que vous obteniez de lui la moindre concession, répondis-je au jeune homme en passant mon bras sous le sien : n'importe, allons !

Nous trouvâmes, Maurice et moi, en arrivant, l'illustre Curtius occupé à écrire. En nous voyant entrer il se contenta de nous adresser un léger signe de tête, et continua son travail sans se déranger et sans s'inquiéter davantage de notre présence.

Enfin, repoussant après cinq minutes son fauteuil de la table devant laquelle il était assis :

— Qu'y a-t-il pour votre service, citoyens ? nous demanda-t-il d'un air glacial.

— Citoyen, lui répondis-je en prenant un ton officiel, ce jeune homme que je te présente est le neveu de l'ex-lieutenant criminel de N*** actuellement arrêté...

— Comme le seront bientôt tous les ennemis de la République, dit Jouveau en achevant ma phrase à sa guise. Eh bien ! en quoi cette arrestation me concerne-t-elle ?

— En ce que tu m'as fait espérer, citoyen, continuai-je, la mise en liberté de ce lieutenant criminel si, après avoir examiné les charges qui pèsent sur lui, tu le trouves innocent du crime dont il est accusé.

— J'ai examiné le dossier de ce prévenu, dit lentement Curtius, et je sais à quoi m'en tenir sur son compte.

— Alors mon oncle est sauvé ! s'écria Maurice avec élan.

— Vous croyez ? répondit Curtius d'un air narquois. Jeune homme, vous parlez fort légèrement de choses bien graves.

Craignant qu'une imprudente exclamation de Maurice ne vînt faire échouer la négociation entamée, et jugeant qu'il n'y avait pas une minute à perdre, je me hâtai de prendre la parole.

— Curtius, dis-je à mon cousin, le citoyen Maurice s'engage sur l'honneur à ne jamais révéler ou laisser transpirer un mot de la conversation que nous avons en ce moment, quel qu'en soit le résultat. Ainsi, parlons peu, mais parlons bien.

Jouveau, sans me répondre, fixa Maurice d'un regard scrutateur, puis, tout à coup, et brusquement :

— Quel âge avez-vous, jeune homme ? lui demanda-t-il.

— Vingt-deux ans, citoyen.

— A cet âge, lorsqu'on regarde bien en face, comme vous le faites, ceux à qui l'on parle, et que l'on n'est pas entré dans la carrière politique, on sait encore respecter sa parole, reprit Jouveau. — Je puis donc compter sur la vôtre, si vous voulez l'engager.

— Sur mon honneur, dit alors Maurice avec dignité, je ne révélerai ou ne laisserai jamais transpirer un mot de cette conversation, dût même cette révélation ou ce mot me sauver la vie.

— C'est bon, reprit Curtius en changeant de ton. Eh bien, alors, jeune homme, comptez-moi, sur-le-champ, vingt-cinq louis en or, donnez cinq cents livres à ce brave adjudant, qui nous a aidés à faire connaissance, et, dans une heure, votre oncle sera libre.

— Citoyen, il m'est impossible de satisfaire à l'instant même aux conditions que vous m'imposez ; mais, si vous voulez bien m'accorder un répit de vingt-quatre heures, je vous jure que je vous remettrai, avant que ce temps soit écoulé, la somme que vous demandez !

— Vraiment, je ne devrais pas me laisser aller avec une telle facilité aux élans de mon cœur, dit Jouveau ; mais votre physionomie me revient, et je me sens porté malgré moi à vous accorder votre demande. Ainsi, voilà qui est convenu : d'ici à vingt-quatre heures vous m'apporterez vous-même, à l'endroit que je vous désignerai, mes vingt-cinq louis, et vous remettrez à notre brave adjudant ses cinq cents livres. A présent un dernier mot : vous faites-vous fort d'obtenir des voisins de votre oncle un certificat collectif qui témoignera de son patriotisme ? Cette formalité m'est indispensable, car elle met ma responsabilité à couvert.

— Tous ceux qui connaissent mon oncle l'aiment, l'estiment et sont prêts à signer que jamais homme n'a porté plus loin que lui le respect de la loi. Je vous réponds de ce certificat. Mais quand verrai-je mon oncle ?

— Avant une heure. Tenez, voici un ordre d'élargissement signé en blanc par mon représentant ; mettez-y le nom de votre oncle, et portez-le à la prison.

Maurice se saisit, avec un empressement que le lecteur

comprendra sans peine, de l'ordre d'élargissement et s'en fut avec en courant.

— Si ce jeune homme était âgé de quatre ans de plus, je ne me serais pas fié à lui, me dit Jouveau. Je ne fais jamais d'affaires à crédit, qu'à coup sûr; mais à revoir, cousin, il faut que je me remette en route. Embrassons-nous une dernière fois, et n'oublie point que tu as en moi un ami dévoué à la vie et à la mort, que tu trouveras toujours prêt à t'obliger. Je serai de retour à Marseille dans quatre jours; viens m'y rejoindre le plus tôt que tu pourras; je te garantis de beaux bénéfices...

Une fois que la chaise de poste qui emportait Jouveau eut disparu, je m'empressai de courir à la prison.

La première personne que je rencontrai fut l'ex-lieutenant criminel qui en sortait.

— Voici votre libérateur, mon oncle, lui dit Maurice d'un air froid et gêné, en me désignant à lui par un signe de tête.

M. de N***, avec une vivacité dont je ne l'aurais pas cru capable, se jeta aussitôt à mon col et m'embrassa à plusieurs reprises.

— Ah! monsieur, me dit-il, vous ne pouvez vous imaginer ce que j'ai souffert depuis hier... Croyant mon malheur inévitable, je ne voulus pas laisser éclater une douleur inutile et qui eût assombri encore davantage le sanglant souvenir que léguait ma mort à ceux que j'aime... Mais je souffrais à cette pensée d'abandonner ma famille, oh! je souffrais comme il n'est pas donné à la parole de l'exprimer.

L'excellent de N*** me quitta alors pour courir auprès de sa femme, déposée mourante, le lecteur doit s'en souvenir, dans une maison voisine de la prison.

— Restez un moment avec moi, je vous prie, monsieur, dis-je à Maurice en le voyant se disposer à suivre son oncle, j'ai à vous parler.

— Maurice, continuai-je en remarquant son indécision, un service rendu vous pèse-t-il donc à ce point que vous ne puissiez supporter la vue de l'homme qui a été assez heureux pour vous venir en aide? Dieu m'est témoin que je ne tiens aucunement à la reconnaissance de ceux que le hasard me met parfois à même d'obliger, et que mes reproches à votre égard ne me sont pas dictés par l'amour-propre. Seulement, Maurice, je vous estimais, et votre ingratitude m'est douloureuse et pénible, en ce qu'elle m'arrache violemment une illusion. A présent, adieu! nous ne nous connaissons plus.

— Mais permettez, monsieur, dit le jeune homme de plus en plus embarrassé, en me saisissant par le bras, vous ne pouvez vous éloigner ainsi!... Vous oubliez...

— Quoi donc? demandai-je en voyant Maurice hésiter et garder le silence.

— Les cinq cents livres que je vous dois et que vous avez bien voulu m'accorder vingt-quatre heures pour vous payer, me répondit-il d'une voix sourde et en baissant la tête.

— Les cinq cents livres que vous me devez! répétai-je en me sentant pâlir de colère. Ah! je comprends à présent et votre gêne et votre froideur vis-à-vis de moi; vous m'avez pris pour un spéculateur de sang humain! Vous avez cru que je m'étais associé à Curtius!... Maurice, pour être tombé dans une pareille erreur, pour n'avoir pas compris qu'en affectant de me rendre complice d'un misérable, je n'avais en vue que le salut de votre oncle, il faut que vous n'ayez dans le cœur ni grandeur, ni générosité, ni dévouement... Je vous plains... Adieu...

A mesure que je parlais, je voyais la rougeur de la honte s'épaissir de plus en plus sur le front du jeune homme; enfin, lorsque je lui dis adieu :

— Oh! pardon, mon frère, s'écria-t-il en se précipitant à son tour dans mes bras, oh! pardon! Je suis, je l'avoue, un fou, un misérable, d'avoir pu concevoir une telle opinion de vous! Que voulez-vous? mon imagination a été tellement épouvantée par le cynisme de ce Curtius, qu'il n'y a pas à s'étonner que j'aie un moment, trompé par l'apparence de votre complicité, douté de votre désintéressement. A quelles excuses, à quelles humiliations ordonnez-vous que je descende pour obtenir de vous mon pardon? Parlez, j'obéirai.

Il y avait un tel regret dans la voix et dans la contenance du jeune homme, que je me contentai pour toute réponse de lui tendre la main.

La paix faite, nous nous empressâmes, Maurice et moi, de rejoindre M. de N***, que nous trouvâmes tout en pleurs, agenouillé au pied du lit où reposait sa pauvre femme.

— Eh bien! mon oncle? lui demanda Maurice avec anxiété.

— Hélas! mon ami, lui répondit-il d'une voix brisée par la douleur, c'eût été trop de bonheur de nous retrouver tous heureux ensemble!

— Ma tante serait-elle donc en danger ?

— Écoute-la et frémis! dit l'ex-lieutenant criminel, en étendant le doigt vers la malheureuse femme qui venait de se lever à moitié, et qui, partant d'un éclat de rire strident et nerveux, se mit à fredonner entre ses dents le *Ça ira !*

— Ma tante! ma tante! revenez à vous! s'écria Maurice.

— Elle ne t'entend pas, Maurice. Ne vois-tu pas que le souffle du malheur, en passant sur son intelligence, l'a desséchée, dit N*** en laissant tomber sa tête sur sa poitrine. Ta tante n'appartient plus à ce monde que par la souffrance physique... sa raison a disparu !

— Folle! Ah! mon Dieu !

A cette révélation, qui me produisit une impression que je ne saurais rendre, j'allais prendre la main de Maurice pour l'entraîner loin de ce douloureux spectacle, lorsque la porte de la chambre s'ouvrit et qu'un homme vêtu de noir entra dans la pièce où nous nous trouvions : c'était un médecin.

Après s'être enquis des causes qui avaient produit la maladie de madame de N***, et lui avoir prescrit une potion calmante, le praticien se retira, je le suivis.

— Eh bien, docteur, lui dis-je, que pensez-vous de l'état de cette pauvre infortunée? Entrevoyez-vous le moyen de la rappeler à la raison?

— Si d'ici à demain la fièvre cérébrale ne se déclare pas, dans deux jours la citoyenne sera hors de danger, me répondit-il. Quant à cette folie apparente qui vous a si fort effrayé il n'y a pas à s'inquiéter; c'est tout bonnement du délire.

Je ne puis dire la joie que me causèrent ces paroles; et, en effet, le docteur ne se trompait pas dans son pronostic, car le lendemain madame de N***, après une nuit assez calme, se réveilla, faible encore, mais complètement revenue à la raison; seulement, il fallut user de grands ménagements pour lui apprendre la délivrance de son mari. Complètement rassuré sur le sort de cette intéressante famille, je pris le soir même congé de M. de N*** et de Maurice, malgré les vives instances qu'ils firent pour me retenir, et je me remis en route.

Je me souviens d'avoir lu au collège, dans mon cours de géographie, que Ganges est une ville manufacturière fort animée, qui possède des fabriques de bas et de bonnets : je ne sais si le cours de géographie a été fait fort légèrement, ou si la révolution, ce qui me paraît plus probable, a complètement changé l'ancien état de choses, toujours est-il que quand je traversai Ganges, toutes les boutiques étaient fermées et qu'un morne silence régnait dans la ville.

Un perruquier, dans la boutique duquel j'entrai pour me faire raser, m'apprit, par sa conduite et par ses propos, à quel point l'esprit révolutionnaire avait fait des progrès dans cette petite ville jadis exclusivement adonnée à l'industrie.

C'était un jour de décade : aussi, la boutique du frater était-elle pleine de clients de toutes sortes, d'autant plus que, depuis l'établissement de l'égalité, les barbiers refusaient de se rendre en ville; les vieillards impotents étaient tenus de se faire transporter chez ces derniers, s'ils voulaient ne pas porter des barbes semblables à celles des anciens augures.

Une dizaine de personnes assises sur un banc adossé le long du mur attendaient leur tour de rôle, pendant que le perruquier, tenant une de ses pratiques la tête renversée en arrière et la figure couverte de mousse de savon, pérorait, en agitant son rasoir en l'air, sur les événements de la décade.

— Ah ! disait-il, je ne veux pas médire de la guillotine, mais je trouve cependant que cette invention laisse beaucoup à désirer. Nous autres barbiers patriotes ferions plus de besogne en une heure que l'instrument de Guillotin en un jour ! Supposez, par exemple, que le citoyen que je suis en train de raser en ce moment soit un aristocrate et un fédéraliste, ziste ! Un léger coup de rasoir, et voilà un dangereux coquin de moins.

Le barbier, en parlant ainsi, pour donner plus d'énergie et plus de clarté sans doute à sa démonstration, passa vivement le dos de son instrument sur le col de la pratique qui, sentant le froid de l'acier, poussa un cri terrible et manqua de tomber de dessus sa chaise par terre.

De grands éclats de rire accueillirent cette belle plaisanterie. Le patient, car ce malheureux barbier se servait de ses rasoirs avec une telle maladresse, que ses pratiques sortaient de ses mains avec le visage en sang ; le patient, dis-je, expédié, un vieil homme complètement chauve prit sa place.

— Pourrais-tu, citoyen, dit-il au barbier, me mettre un peu de poudre d'amidon sur la tête, pour remplacer la perruque que mes principes républicains m'empêchent de porter ?

— De l'amidon, répéta le barbier d'un air indigné. Ah ! tu te lances donc aussi dans le luxe, père Jérôme ! Prends garde à toi ! Au reste, quand bien même, foulant aux pieds ma rigidité, je consentirais à me rendre à ta demande, cela me serait impossible ; voilà plus de dix mois que pas une once d'amidon n'est entrée dans ma boutique.

— Eh bien ! alors, citoyen, reprit le vieillard, remplace l'amidon par un peu de farine.

— De la farine ! Me prends-tu donc pour un traître ! Te figures-tu que je m'en vais prodiguer la nourriture du peuple pour satisfaire ta ridicule coquetterie !

— Mais, citoyen, l'air, en frappant sur ma tête dégarnie.

— Tais-toi, imprudent ou conspirateur ! Apporte-moi, si tu le veux, de la farine-folle avec un certificat du maire, visé par l'administration du district, qui constatera que c'est de la farine-folle, et alors, je te saupoudrerai à ta guise !

Ne voulant pas avoir avec ce barbier une querelle ridicule, et sentant que la patience commençait à m'échapper, je sortis de la boutique sans dire un mot, et me remis tout de suite en route.

A partir de la charmante petite ville de La Vignau où j'arrivai peu après, le pays désert et aride, que j'avais parcouru jusqu'alors, se changea en une terre fertile et couverte d'une admirable végétation.

Dégoûté des centres de population qui ne m'offraient que le triste spectacle des mauvaises passions humaines, sous leur côté le plus mesquin, je résolus d'éviter, autant que possible, le séjour des villes et d'entrer dans la montagne. En effet, à partir de Merneys je m'enfonçai dans les Cévennes.

J'étais parti un matin de fort bonne heure afin d'arriver avant la tombée de la nuit à Mende, où je comptais coucher, lorsqu'à la vue de plusieurs plantes assez rares, je quittai le sentier que je suivais et m'enfonçai dans la montagne.

La botanique et la minéralogie ont toujours été mes passions favorites ; le lecteur ne s'étonnera pas qu'entouré de trésors, comme je l'étais alors, je ne songeai plus à mon itinéraire.

Bourrant de plantes et d'échantillons de pierre mon sac, hélas ! à peu près vide de provisions, je ne m'arrêtai dans mes recherches que quand la fatigue et la faim m'attaquaient ensemble avec une certaine violence.

M'asseyant au pied d'une grande roche qui me garantissait des rayons du soleil, alors dans son plein, je tirai d'un linge humide où il était soigneusement enveloppé un morceau de pain qui pesait à peu près cinq onces et constituait,

avec quelques figues, toutes mes provisions, puis je me mis à dîner.

J'attaquais avec une modération calculée, afin de me tromper moi-même sur la petite quantité de mes provisions, mes cinq onces de pain et mes figues, lorsqu'il me sembla entendre un léger bruit dans les broussailles et les fougères qui m'environnaient.

En effet, presque aussitôt je vis sortir du milieu d'un fourré un tout jeune homme fort élégamment vêtu, et qui, à mon aspect, ne put retenir un cri de surprise.

Le fait est qu'avec mon uniforme couvert de poussière et déchiré en maint endroit, mes chaussures raccommodées avec des ficelles, mes grandes moustaches et ma barbe inculte, je ne devais inspirer que fort médiocrement la confiance.

Remarquant l'hésitation du tout jeune homme, je me mis à rire et, lui adressant la parole sans quitter ma place :

— Citoyen, l'habit ne fait pas le moine, comme dit le proverbe ; j'ai l'air d'un gueux, j'en conviens ; mais je suis un officier du régiment de la Côte-d'Or. Si vous désirez partager mon repas, asseyez-vous à mes côtés. Il me reste encore quatre figues et près de deux onces de pain. Si vous tardez cinq minutes à accepter, il ne restera plus rien du tout !

Le jeune homme, rassuré par la façon joyeuse dont je lui avais parlé, se mit à son tour à sourire.

— Je ne vous cacherai pas, citoyen, me répondit-il, qu'à la première vue, je vous ai pris pour un fédéraliste en fuite, et que vous m'avez assez fort effrayé. Puis-je vous demander quelle route vous suivez ?

— Je compte aller coucher ce soir à Mende.

— Aller coucher ce soir à Mende ! répéta le jeune homme, vous n'y songez pas. Savez-vous à quelle distance vous êtes de cette ville ?

— Ma foi non ! A deux ou trois lieues, j'imagine...

— Vous êtes loin de compte. A sept lieues.

— Est-il possible ! Mais alors j'ai donc reculé depuis ce matin au lieu d'avancer ?

— Vous devez, mon officier, remercier, en effet, l'heureux hasard qui m'a mis sur votre route, et me suivre.

— Vous suivre. Ma foi, avec plaisir ! Seulement me permettrez-vous de vous demander où vous comptez me conduire ?

— J'ai le regret de ne pouvoir répondre à cette question. Tout ce qu'il m'est permis de vous dire, c'est que vous aurez un excellent lit, un délicieux souper, que l'on vous fera un accueil fort gracieux, et que l'on ne vous demandera rien pour votre dépense !

— Ah ! çà, ne me contez-vous pas là une histoire tirée des Mille et une Nuits.

— Du tout ; je vous parle en connaissance de cause. Toutefois, je prendrai la liberté de vous prier, une fois pour toutes, en supposant que vous acceptiez mon offre, de ne plus m'adresser à ce sujet aucune question.

— J'accepte votre offre, et m'engage à ne plus parler que de botanique, tant vous m'avez fait venir l'eau à la bouche, et tant j'ai peur de manquer ce fameux souper et ce lit moelleux qui m'attendent.

— Alors, hâtons le pas ; nous avons encore au moins deux lieues à faire.

— Dans quelle direction nous rendons-nous ?

— Là-bas, derrière ces montagnes que vous apercevez au couchant.

Après une marche de plus de quatre heures, car vu l'âpreté des chemins que nous parcourions, nous étions obligés à de fréquentes haltes, nous arrivâmes à un bois de sapins et de hautes futaies, qui, placé sur le plateau d'une montagne, dominait une grande étendue de terrain.

— Tiens, voilà qui est plaisant, dis-je au jeune homme, aussi loin que la nuit qui se fait permet à mon regard d'atteindre, je n'aperçois pas une seule habitation. Il me semble cependant que nous avons déjà dû franchir les deux lieues qui, d'après vous, nous restaient seulement à faire !

— Aussi sommes-nous arrivés, me répondit mon jeune compagnon d'un air railleur.

— Ah! bah! c'est dans cette forêt que je dois trouver ce lit, ce souper et cet accueil si remarquables...

— Oui, dans cette forêt.

— Ma foi, je n'y comprends plus rien. J'avais bien raison, vous le voyez, de prétendre que vous me racontiez un conte des *Mille et une Nuits*, répondis-je à mon jeune compagnon en le suivant dans la forêt, où il entra sans hésiter, quoiqu'il y régnât une nuit profonde.

Après avoir parcouru pendant environ cinq minutes, un sentier dont le sol ferme et battu me prouva qu'il devait être souvent foulé par des piétons, j'aperçus à cent pas à peu près devant nous une lumière fixe et brillante.

Presque au même instant je me trouvai au milieu d'une vaste clairière.

— Je ne sais si je me trompe, dis-je à mon jeune compagnon, mais il me semble voir se détachant dans l'ombre et plus noir que la nuit, un imposant édifice...

— Vos yeux sont excellents, et ne vous trompent pas!

— Ah çà, savez-vous bien, continuai-je, que si mon sac, au lieu de contenir des échantillons minéralogiques et des plantes, renfermait une forte somme d'or, je ne serais pas sans inquiétude. Je me figurerais qu'abusant de votre extrême jeunesse et de vos bonnes manières pour captiver la confiance des voyageurs, vous êtes le complice d'une bande de brigands qui vous a chargé de lui amener des victimes.

— Pourquoi ne pas croire plutôt, me répondit mon compagnon en riant, que je suis l'envoyé de quelque jeune et adorable princesse tenue sous le joug d'un puissant et méchant magicien, et qui cherche un féal et preux chevalier pour la délivrer de son esclavage!

Tout en causant et en plaisantant ainsi, nous avions continué d'avancer d'un bon pas, et lorsque mon jeune compagnon prononça ces derniers mots, nous arrivâmes devant une grille qui défendait l'entrée de ce grand édifice que j'avais déjà aperçu.

— Où sommes-nous, et quel est ce château? demandai-je plus sérieusement que je ne l'avais fait jusqu'alors à mon guide.

— Nous sommes, me répondit-il, arrivés au terme de notre voyage. Quant à ce château, l'histoire de la province prétend qu'il a été bâti par les comtes de Gévaudan, et la tradition par le diable. C'est à vous, selon que votre esprit est plus ou moins porté au merveilleux, à choisir celle de ces deux versions qui vous conviendra le mieux.

— Ma foi, par la nuit sombre qui nous enveloppe, je m'arrête à la seconde, à celle qui désigne le diable comme l'architecte de ce manoir.

Mon compagnon, sans me répondre, tira une chaînette en fer qui pendait le long de la grille; un timbre retentissant vibra dans l'air.

— Nous allons voir apparaître l'inévitable nain armé de sa trompe, qui vient ordinairement reconnaître les voyageurs, dis-je en riant.

Ma prédiction, je dois l'avouer, ne se réalisa que fort mal, car ce fut au contraire un grand coquin de sans-culotte, du moins à en juger par son costume, qui s'avança derrière la grille, une lanterne sourde à la main.

— Qu'y a-t-il pour votre service, citoyens, nous demanda-t-il d'une voix de stentor, et en portant sa main au sabre qui pendait à son côté.

— Dites à la citoyenne Rose que deux voyageurs lui demandent, pour cette nuit, l'hospitalité.

— Je n'ai besoin de voir aucune citoyenne pour savoir si je dois oui ou non vous ouvrir la porte, répondit d'une façon brutale le sans-culotte; êtes-vous des patriotes?

— Des patriotes enthousiastes! dit mon compagnon, des ultra-révolutionnaires!

— Alors, c'est bien, on va vous ouvrir.

— Vive la République, s'écria le sans-culotte qui n'avait cessé, pendant toute la durée de ce dialogue, de diriger sur nous les rayons de la lanterne sourde qu'il portait à la main.

En effet, la grille s'écarta devant nous en grinçant sur ses gonds, et nous pénétrâmes dans la cour du château.

— Mon ami, dit mon compagnon en s'adressant de nouveau à notre interlocuteur, on aime généralement, malgré la fraternité et l'égalité qui règnent aujourd'hui, savoir et qui l'on reçoit et à qui l'on a affaire. Ce citoyen, ainsi que son uniforme te l'indique, est un officier, j'ajoute, si cela peut te faire plaisir, qu'il revient de l'armée où il s'est couvert de gloire et qu'il appartient au bataillon de la Côte-d'Or! Quant à moi, je ne suis rien du tout, mais je me nomme Abel.

— Ah! c'est vous qui êtes M. Abel! s'écria le sans-culotte, qui non-seulement abandonna aussitôt le tutoiement qu'il avait employé jusqu'alors vis-à-vis de nous, mais ôta encore vivement le bonnet phrygien qui lui couvrait la tête, et salua le jeune homme avec beaucoup de politesse et de déférence. Mon Dieu, monsieur, combien je regrette que vous soyez arrivé aussi tard... car j'ai peur que ces dames ne soient couchées et ne puissent vous recevoir. Enfin, n'importe... veuillez entrer un moment chez moi, pendant que j'irai m'informer si je dois vous introduire.

VII

L'homme à la carmagnole, au grand sabre et au bonnet phrygien, nous précédant pour nous montrer le chemin, nous conduisit alors dans un appartement situé au rez-de-chaussée, où il nous pria de l'attendre, puis il s'en fut en nous laissant seuls, Abel et moi.

— Vraiment, dis-je à ce dernier, je suis tenté, en jetant un regard autour de moi, de me croire le jouet d'un songe; voyez donc comme cette pièce où nous nous trouvons et qui sert, sans aucun doute, de demeure à un serviteur tout à fait subalterne, est coquettement meublée et soigneusement entretenue. A en juger par cet échantillon, et du petit au grand, je suis assez disposé à croire, en effet, que nous sommes dans le palais de quelque magicien.

J'achevais à peine de prononcer ces mots, quand les sons d'un clavier savamment attaqué se détachèrent du milieu du silence de la nuit et arrivèrent jusqu'à nous, rendus plus mélodieux encore par la distance qui les adoucissait.

Cette fois le doute ne m'est plus possible, m'écriai-je, je crois au magicien. Je parlais encore lorsque la porte s'ouvrit et que le sans-culotte, notre introducteur, se présenta à nos regards.

— Monsieur Abel, dit-il en s'adressant au jeune homme, que mon étonnement semblait beaucoup divertir, si vous voulez bien prendre la peine de me suivre, la citoyenne Rose vous attend.

Abel me salua alors en souriant, et s'en fut, après m'avoir bien recommandé de ne pas m'épouvanter si je voyais apparaître l'hydre à sept têtes ou le dragon à la langue fourchue et flamboyante.

Je ne restai pas seul longtemps: cinq minutes plus tard le sans-culotte revenait.

— Citoyen, me dit-il, si tu veux bien me faire l'honneur de partager mon modeste souper, nous allons nous mettre à table.

— C'est un honneur que l'air vif des montagnes que j'ai respiré toute la journée me rendra précieux, répondis-je à l'homme au bonnet phrygien, en l'examinant avec plus d'attention que je ne l'avais fait jusqu'alors. C'était un grand et robuste garçon aux épaules larges et carrées, aux membres d'athlète, à la physionomie fortement accentuée. Toutefois, malgré ses formidables moustaches, ses sourcils épais, son sabre, sa carmagnole et ses longs cheveux noirs, rudes et plats, il régnait dans toute sa personne un air de béatitude et de bonhomie, rendu plus saisissant encore par cette apparence révolutionnaire dont je viens de parler.

En moins de temps que je n'en mets ici à le dire, le sans-culotte, qui se nommait Antoine ainsi qu'il me l'apprit, déplia une nappe d'une éclatante blancheur, l'étendit sur une table, plaça deux couverts en face l'un de l'autre, devant les couverts plusieurs bouteilles de vin; puis, passant dans une pièce

voisine d'où il sortit presque aussitôt, en tenant dans ses mains une soupière d'où s'exhalait une délicieuse odeur culinaire, il m'invita à prendre place près de lui ; j'obéis avec un empressement que le lecteur comprendra sans doute aisément.

— Vous offrirai-je de ce consommé, citoyen ? me demanda-t-il en retirant le couvercle de la soupière, d'où s'échappa un nuage d'une vapeur odoriférante et substantielle, si je puis me servir de cette dernière expression.

— Offrez toujours, citoyen, lui répondis-je, vous ne courrez guère le risque de subir un refus.

Mon assiette remplie jusqu'aux bords, j'allais porter avec empressement le liquide bouillant à mes lèvres, lorsque je vis Antoine se baisser comme s'il cherchait un objet tombé par terre ; naturellement j'imitai son action avec l'intention de lui venir en aide ; que l'on juge de mon étonnement, quand j'aperçus le sans-culotte, qui se croyait caché à mes regards, faire vivement le signe de la croix.

Les convenances m'ordonnaient, j'en conviens, d'affecter de n'avoir pas remarqué ce petit incident, mais ma curiosité l'emporta sur mon savoir-vivre, et m'adressant à mon amphytrion :

— Il paraît, lui dis-je, que mon uniforme dégueuillé me donne un certain air sacripant qui vous gêne dans vos habitudes ? Vous avez tort de vous contraindre par rapport à moi.

— De quelles habitudes voulez-vous parler ? me demanda Antoine qui malgré ses formidables moustaches, son air rébarbatif, son bonnet phrygien et son grand sabre, rougit jusqu'aux oreilles.

— Dame ! il me semble assez logique de penser, d'après votre signe de croix, que vous êtes accoutumé à dire, en vous mettant à table, votre *benedicite*. Or, je vous répète que vous auriez tort de vous gêner à cause de moi.

— Le fait est, citoyen, que quand on a, pendant vingt-cinq ans, dit son *benedicite* tous les jours, une révolution a beau survenir, on n'en continue pas moins... car enfin... d'autant plus...

— Voyons ! ne vous troublez pas ainsi, cher hôte. J'ai toujours trouvé cette action de grâce adressée à Dieu, un

usage, non-seulement moral, mais même attendrissant ! Pourquoi vous défendriez-vous d'avoir de bons sentiments, de professer une noble croyance ? Hélas ! la religion est assez outragée de nos jours pour que ceux qui la respectent ne s'en cachent pas comme s'ils commettaient une mauvaise action...

— Mais alors, citoyen, vous êtes donc un chrétien ? me demanda Antoine avec un ton d'étonnement et de naïveté si complet que je ne pus retenir un éclat de rire.

— Me prenez-vous donc pour un musulman ? lui répondis-je.

— Ah ! monsieur, s'écria Antoine d'un ton pénétré, je ne me permettrais jamais de vous manquer de respect au point de vous appeler un... un ce que vous venez de dire !

— Un musulman ! Antoine ?

— Oui, monsieur ! seulement je suis si peu habitué à rencontrer des patriotes qui aient des sentiments de piété...

— Comment cela des patriotes ! Ne portez-vous donc pas vous-même un bonnet phrygien, et n'êtes-vous pas vous-même un patriote ? demandai-je à Antoine avec un grand sérieux et d'un air sévère en l'interrompant.

L'athlétique garçon, à ma question, se troubla tout à fait et se mit à balbutier une réponse inintelligible et qu'il ne put achever. Définitivement cet hercule, à l'aspect si redoutable, était d'une douceur et d'une timidité d'enfant. Il m'est impossible d'exprimer à quel point il m'intriguait. Je résolus de le pousser à bout et je repris mon interrogatoire :

— Citoyen, lui dis-je tout en dégustant mon consommé dont la saveur exquise décelait une main savante ; citoyen, voulez-vous me permettre de vous faire part d'un doute et d'une crainte qui viennent de me traverser l'esprit ? J'ai peur de payer très-cher plus tard l'excellente hospitalité que vous m'accordez en ce moment.

— Ah ! citoyen, s'écria Antoine d'un ton piqué, vous figurez-vous bonnement que vous êtes ici dans une auberge ?

— Pas le moins du monde, et ce n'est nullement votre générosité que je mets en doute ! Je veux dire seulement que ce souper-ci pourrait bien me coûter la tête.

— Au nom du ciel ! ai-je bien entendu ? Ce souper vous coûter la tête !

— Certes, poursuivis-je, et je ne vous cacherai pas que trouvant ce prix un peu élevé, j'ai bien envie; quoique brisé de fatigue et mourant de faim, de m'en aller, sans plus tarder, me coucher à la belle étoile.

— Vos paroles, citoyen, sont de l'hébreu pour moi, je ne comprends pas...

— Que souper et passer la nuit avec et chez un conspirateur est un crime que la loi du 22 prairial punit de mort !...

— Mais, citoyen, je ne suis pas un conspirateur ! s'écria Antoine avec force. Je suis un honnête garçon qui ne fais de mal à personne, oblige son prochain le plus qu'il peut, aime la république, et vit en dehors de la politique. En quoi donc, je vous prie, ai-je l'air d'un conspirateur ?

— Je ne remplis pas l'office d'accusateur public, et vous n'avez pas à vous défendre auprès de moi. Gardez donc vos protestations et vos explications pour le jour où vous comparaîtrez devant le tribunal révolutionnaire.

— Comment, pour le jour où je comparaîtrai devant le tribunal ! Mais j'espère bien n'y comparaître jamais ! Voyons, citoyen, là, d'amitié, apprenez-moi, je vous en conjure, quels sont les motifs qui vous font voir en moi un conspirateur.

— Puisque vous semblez tenir absolument à une réponse, je ne vous cacherai pas que ces motifs sont nombreux. D'abord vous ne me paraissez guère être âgé de plus de vingt-cinq ans.

— Vous me flattez, citoyen, je n'en ai que vingt-trois.

— Diable ! vous êtes précoce ! Or, tout citoyen de vingt-trois ans qui doué, comme vous, d'une taille de Goliath et d'une carrure d'Hercule, ne se trouve pas à l'armée, a dû désobéir nécessairement à la loi de la réquisition, et mérite, par conséquent, de subir la peine capitale. Ensuite, je ne devine pas trop l'origine d'où proviennent ce pain et ce succulent souper que je vois sur la table. J'ai donc le droit de supposer que vous êtes un accapareur !... Troisièmement...

— Mais, citoyen, s'écria Antoine en m'interrompant, il m'est extrêmement facile d'expliquer et pourquoi je ne suis pas à l'armée, et de quelle façon je me suis procuré ce souper, qui, après tout, n'a pas l'air de vous déplaire. Je suis le domestique de confiance...

— Le domestique, dites-vous ! Voilà une expression qui sent l'aristocrate d'une furieuse façon. Apprenez, citoyen, que, depuis le règne de l'égalité, le mot *domestique* a cessé de faire partie de notre belle langue française.

— Vous avez raison, citoyen, c'est la langue qui m'a tourné... Je voulais dire le locateur de services...

— C'est cela : vous êtes donc le locateur de services ?

— De la citoyenne Rose, la maîtresse de céans... Je travaille au jardin, je garde la porte, je m'occupe des achats de la communauté... c'est-à-dire de la maison, du mieux que je puis; et, en revanche, l'on me paie, l'on me loge et l'on me nourrit. Que voyez-vous donc d'irrégulier à cela ?

— Quelle est, d'abord, cette citoyenne Rose ? Une aristocrate, une ci-devant, sans doute ?

— La citoyenne Rose, répéta Antoine avec une animation qui chassa sa timidité, c'est la providence des malheureux ! un ange sur la terre !

— Cet ange entretient sans doute des correspondances avec les traîtres et les émigrés ?

— Ne vous exprimez point ainsi sur le compte de la citoyenne Rose, je vous en supplie, me dit doucement Antoine, vos paroles me font mal.

— Vraiment, repris-je d'un air moqueur, afin d'amener le colosse à une révélation, — cette Rose est donc une bien grande vertu et une bien irréprochable citoyenne, que l'on ne puisse se permettre d'émettre une simple supposition sur son compte ? Qui sait ! c'est peut-être une adroite hypocrite qui vous joue, une femme de rien !

— Ah ! mille noms de noms ! s'écria Antoine, qui pâlit et frappa la table d'un si violent coup de poing qu'il manqua, par cette seule secousse, de briser les plats ; ah ! mille noms de noms ! n'allez pas vous aviser de tenir un seul mauvais propos sur le compte de la citoyenne Rose, ou, vrai comme je suis un honnête homme et un bon chrétien, je vous tords le col sans hésiter !

Ces mots furent prononcés avec une telle énergie, un si profond accent de vérité, le regard du domestique jetait de telles lueurs, qu'il me fut impossible de mettre en doute sa sincérité. Je compris qu'il exprimait non une menace, mais bien une résolution irrévocablement arrêtée.

J'avais donc atteint mon but; il ne me restait plus qu'à exploiter cette colère au profit de ma curiosité.

— Citoyen, lui dis-je en affectant de prendre sa menace au sérieux, on ne tord pas aussi facilement que tu sembles le croire le col à un officier de la République. En supposant toutefois que tu eusses l'avantage sur moi dans la lutte, que mon sabre restât inactif dans son fourreau, et que je fusse assassiné dans ce repaire-ci, crois-tu que pour cela ton crime resterait impuni ! Certes, non, j'ai des amis qui connaissent l'itinéraire que je suis, des parents qui m'attendent. Des perquisitions auraient lieu et, comme cet ancien château doit être mal famé, la citoyenne Rose serait la première personne à qui la loi demanderait compte de mon sang versé. Je te conseille donc, avant d'obéir à ta colère, de réfléchir mûrement.

— Mais, citoyen, je ne vous veux pas de mal, moi, me dit alors Antoine en reprenant ce ton de douceur et de bonhomie qui lui était habituel, et contrastait si étrangement, je l'ai déjà dit, avec son apparence rébarbative. Si vous tenez absolument à me dénoncer, je ne vous retiens pas ; dénoncez-moi. Si l'on tient à m'emprisonner, à me guillotiner, que l'on m'emprisonne, que l'on me guillotine ; je ne m'en plaindrai pas. Ce que je demande, c'est qu'il ne soit jamais question de la citoyenne Rose, pas autre chose.

J'allais reprendre mes questions, car ma curiosité, je l'avoue, était vivement excitée, lorsque la porte de la salle où nous nous trouvions s'ouvrit, et qu'Abel entra. Il me sembla, du moins à en juger par une exclamation de joie qu'il ne put retenir, qu'Antoine voyait arriver en tiers, dans la conversation, mon compagnon de route avec un grand plaisir.

Le jeune Abel avait l'air radieux : il me donna en entrant une chaleureuse poignée de main. Puis, se mettant à rire :

— Eh bien, cher ami, me demanda-t-il, avez-vous coupé quelques-unes des têtes du formidable dragon qui chasse la princesse enchantée ?

— C'est tout le contraire qui a manqué d'avoir lieu, lui répondis-je.

— Comment cela ? je ne comprends pas.

— Parbleu, c'est fort clair. Le citoyen Antoine, ici présent, jaloux de ce que j'ai osé parler de la princesse Rose, a tout bonnement voulu me tordre le col. Je ne vous dissimulerai pas que j'ai trouvé ce procédé un peu vif, et que sans la crainte de perdre cet excellent souper, qui couvre la table, je me serais sérieusement fâché : mais mon estomac l'a emporté sur mon amour-propre. Toutefois, je ne renonce nullement à satisfaire ma curiosité, et j'espère, mon cher Abel, que vous voudrez bien répondre à mes questions.

— Moi, je tombe de sommeil, dit le jeune homme, et je n'aspire qu'au moment d'aller me reposer. Achevez votre souper tout à votre aise ; pendant ce temps-là je vais m'installer dans ce grand fauteuil, et prendre un à-compte sur ma nuit.

En effet mon compagnon de route, après s'être placé commodément dans un vaste fauteuil en chêne sculpté, qui ressemblait presque à une chaire d'église, ne tarda pas à s'endormir. Une demi-heure plus tard, je me levais de table, après avoir fait un de ces repas qui marquent dans la vie, et, réveillant le jeune homme, je lui proposai de nous retirer.

— Antoine, fais-moi le plaisir de nous indiquer nos logements, dit Abel.

A cette demande il me parut qu'Antoine, toujours assis devant la table, éprouvait un certain embarras : un trait de lumière me traversa l'esprit.

— Citoyen, lui dis-je, quand on commence un repas par

le *Benedicite* on doit le finir par les *Grâces.* Dépêchez-vous, je vous prie, de faire cette prière, afin que nous puissions nous retirer.

— Et pourquoi donc ne dirais-je pas mes *Grâces?* s'écria l'hercule en prenant son parti. Si c'est mon habitude, à moi, de dire mes *Grâces!*...

— Mais je suis loin de vous blâmer! Au contraire; je vous demande seulement de vous hâter afin que nous puissions nous retirer.

Antoine, cette fois, ne se baissa plus pour se cacher sous la table : il ôta son bonnet phrygien, fit le signe de la croix et prononça sa prière d'une voix de stentor; puis, se levant ensuite et prenant un flambeau à branches, dans lequel brûlaient plusieurs bougies, il passa devant nous pour nous indiquer le chemin.

Ce fut au premier étage qu'il s'arrêta : il ouvrit une porte et j'aperçus deux jolies pièces fort proprement meublées et entretenues avec une minutieuse propreté : dans chaque pièce il y avait un lit.

— Voici le logement que la citoyenne Rose consacre aux voyageurs que le hasard conduit chez elle, et aux visiteurs qui veulent bien venir lui présenter leurs hommages, nous dit Antoine, j'espère que vous y trouverez un bon sommeil et un doux repos! Si vous avez besoin de mes services, vous n'aurez qu'à tirer ce cordon de sonnette, et en moins d'une minute je serai à vos ordres.

Resté seul avec Abel, j'essayai d'obtenir quelques renseignements de lui; mais soit que mon compagnon fût réellement, et comme il le prétendait, accablé de fatigue, soit qu'il désirât éviter toute explication, il me pria de remettre notre conversation au lendemain, et s'empressa de se coucher.

Il faisait grand jour quand je me réveillai. Je me jetai de suite en bas de mon lit et j'appelai Abel; mais je ne reçus aucune réponse.

Que l'on juge de mon désappointement, lorsqu'en soulevant les rideaux du lit où il avait passé la nuit, je ne trouvai plus mon compagnon.

Cette disparition me mit presque en colère : l'espèce de mystère qui m'entourait commençait à me peser, et ce fut avec des sentiments presque hostiles que je m'habillai pour aller à la recherche d'Abel. Avant de descendre, je m'approchai de la fenêtre, et je vis qu'elle donnait sur un grand jardin potager : au-delà de ce jardin, on apercevait de hautes futaies qui faisaient deviner un parc. Je remarquai également que le corps du logis où je me trouvais était indépendant du château et de construction moderne.

J'allais quitter la fenêtre, lorsqu'à la vue d'Abel, donnant le bras à une toute jeune et jolie personne, je me reculai vivement et me cachai derrière les rideaux. Bientôt j'aperçus une seconde femme qui sortit à son tour des hautes futaies dont je viens de parler, et qui me parut surveiller le jeune homme et sa compagne. Cette femme, qui pouvait avoir de vingt-cinq à vingt-sept ans au plus, présentait un air de profonde distinction dans sa personne; elle était vêtue d'un costume de couleur sombre et d'une coupe sévère. Quant à sa figure, je ne me rappelle pas avoir vu dans ma vie rien qui lui ressemblât : elle présentait l'alliance d'une resplendissante beauté et d'une rigide sévérité : sa bouche souriait tandis que son regard, fixe et profond, décelait des préoccupations sérieuses; tout en s'avançant lentement, elle jouait avec une rose qui pendait retenue par la plus jolie main qu'il soit possible d'imaginer, mais son pas ferme et décidé manquait complètement de cette espèce de nonchalance qui sied si bien aux femmes!

Quant à la jeune fille suspendue au bras d'Abel, elle était ce que doit être une jolie enfant au début de la vie : timide, émue et modeste.

Après avoir contemplé pendant un moment ces trois personnes d'une nature si opposée, et qui toutes trois possédaient une grâce différente, j'abandonnai mon poste d'observateur, et descendant précipitamment l'escalier, j'entrai dans le jardin.

A la vue d'un militaire aux grandes moustaches, au teint hâlé par le soleil des grandes routes et à l'uniforme déchiré par les ronces du chemin, la compagne d'Abel se recula vivement en poussant un petit cri de frayeur. Quant à la femme à la démarche assurée et imposante, son regard se dirigea sur moi avec un calme et une fixité complètes, et sans que rien indiquât en elle la surprise.

— Madame, lui dis-je en saluant profondément, n'ai-je pas l'honneur de me trouver en présence de celle que l'on nomme la citoyenne Rose, et que je prendrai la liberté d'appeler ma bienfaitrice, en reconnaissance de la généreuse hospitalité qu'elle a bien voulu m'accorder?...

— Oui, citoyen, vous ne vous trompez pas, me répondit-elle en accompagnant ces paroles d'un délicieux sourire qui la rendit aussi jeune que sa compagne; je suis la citoyenne Rose.

— Veuillez alors recevoir mes plus humbles et mes plus sincères remercîments pour...

— Vous ne me devez aucun remercîment, citoyen, me dit-elle en m'interrompant; ne vivons-nous pas sous le règne de la liberté et de l'égalité? Ce qui appartient à l'un n'est-il pas un peu la propriété de l'autre? L'hospitalité que vous avez trouvée ici n'est nullement exclusive : elle s'adresse à tous. Vous ne me devez donc, je vous le répète, aucun remercîment.

La citoyenne Rose me fit alors un salut, continua sa promenade, me laissant perdu dans mes conjectures.

Personne ne semblant s'occuper de moi, je jugeai à propos de ne m'occuper de personne, et je continuai à parcourir le jardin jusqu'à ce qu'Antoine vint m'avertir qu'on allait servir le déjeuner; il pouvait être alors sept heures.

Ce fut dans la même salle où j'avais déjà soupé la veille que je trouvai le couvert mis : ce second repas ne fut pas moins bien composé que ne l'avait été le premier. Notre appétit complètement satisfait, je demandai à Abel s'il devait passer la journée dans ce château mystérieux, mon intention étant, en ce cas, de me remettre de suite en route.

— Rien ne me retient plus ici, me répondit-il, et nous partons tout de suite.

En effet, dix minutes plus tard, nous nous trouvions de nouveau au milieu de la montagne, nous dirigeant sur la ville de Mende.

Je ne cacherai pas au lecteur que j'eus toutes les peines imaginables à ne pas questionner mon compagnon, lorsque je me revis seul à seul avec lui au milieu des solitudes des Cévennes; toutefois, mon amour-propre aidant, je parvins à refouler ma curiosité, et je ne prononçai pas une parole qui fît allusion, soit à ce château isolé où l'on reçoit si bien les voyageurs, soit à la châtelaine, la belle citoyenne Rose.

VIII

Abel, je l'ai déjà dit, n'avait guère plus de dix-sept à dix-huit ans, c'était presque un enfant : on ne s'étonnera donc pas que ma réserve, au lieu de lui être agréable, finit par l'irriter : il avait compté sans doute sur des supplications et des questions, et s'était promis de s'amuser de mon impatience : mon silence mettait ses petits projets de taquinerie à néant; ce fut donc lui qui le premier aborda le sujet de conversation que je semblais vouloir éviter.

— Eh bien! cher officier, me dit-il, pendant que je cueillais des plantes, j'espère que je vous ai tenu parole, et que rien de ce que je vous avais annoncé hier au soir ne vous a manqué!

— Le fait est que j'ai dormi dans un bon lit, et me suis assis à une bonne table!

— Ah! si nous étions restés un jour de plus, vous auriez vu combien l'hospitalité de la citoyenne Rose se serait encore agrandie! A propos, comment trouvez-vous la citoyenne Rose?

— Fort bien! Elle a l'air d'une brave femme.

— Je vous assure qu'elle est douée d'un caractère comme on en voit peu. C'est une nature que les événements ne peuvent dompter. Quand elle veut une chose, il faut que cette chose soit. Je parierais qu'elle n'a jamais encore échoué dans une seule démarche.

— Tant mieux pour elle, répondis-je avec une indifférence glaciale, et comme si ce sujet de conversation ne m'eût présenté aucun attrait.

— Voulez-vous que nous nous arrêtions un moment, continua Abel d'un ton piqué; je me sens fatigué, et je prendrais volontiers une légère collation.

— Soit; je suis à vos ordres.

Le jeune homme s'assit sur une touffe de gazon, et, découvrant une tarte aux fruits secs, qu'il portait enveloppée dans une serviette d'une irréprochable blancheur :

— Prenez ceci, me dit-il en brisant le gâteau en deux parts égales, et soyez persuadé que, dans toute la France, il n'y a que vous et moi qui puissions nous vanter de manger un semblable mets.

— Cette tarte est en effet excellente; toutefois, je ne vois pas pourquoi on ne s'en procurerait pas ailleurs une semblable.

— Oh ! je ne parle pas de la qualité de ce gâteau, je fais allusion aux mains qui l'ont pétri...

— Alors, c'est différent, je n'insiste plus.

— Savez-vous quelles sont ces mains? reprit Abel avec dépit et après un court silence, en voyant que je ne l'interrogeais pas... Des mains de religieuse... Mais quoi, vous n'avez pas l'air étonné du tout!

— Rien ne m'étonne plus, cher ami !

— Oh ! vous vous faites plus indifférent que vous ne l'êtes. Je suis on ne peut plus certain que si je vous apprenais où vous avez passé cette dernière nuit, vous ne pourriez retenir une exclamation de surprise.

— Vous vous trompez. J'ai passé cette nuit dans un bon lit, et j'ai bien dormi; voilà pour moi l'essentiel, le reste m'importe peu.

— C'est ce que nous allons voir ! Apprenez donc que ce mystérieux château, perdu au milieu des Cévennes, est un couvent de religieuses de l'ordre de Saint-Benoît et que la citoyenne Rose est tout bonnement l'abbesse de cette communauté.

— Un couvent en pleine vigueur en l'an II de la République ! Je ne puis prendre cette plaisanterie au sérieux.

— Mais je vous assure que je ne plaisante nullement. Ecoutez-moi un moment, et vous verrez ce qu'un caractère ferme et adroit, comme l'est celui de la citoyenne Rose, sait accomplir. La citoyenne Rose, dont le véritable nom, que vous connaissez, certes, car il est bien illustre, non-seulement dans les fastes de la Provence, mais encore dans l'histoire de la France, est de H***; elle entra, il y a de cela aujourd'hui six ans, et à la suite, dit-on, d'un grand chagrin de cœur, dans ce couvent des filles de Saint-Benoît en qualité de novice. Nommée abbesse quatre ans plus tard, elle remplissait par conséquent déjà ces hautes fonctions lorsque la révolution éclata. La citoyenne Rose, devinant l'avenir, avec toute la sagacité d'un habile homme d'Etat, comprit que c'en était fait de son couvent, si elle épousait la querelle de la noblesse contre la bourgeoisie; elle prit donc une héroïque résolution : ce fut de sacrifier ses sympathies au salut de sa communauté. Sans attendre que la municipalité lui signifiât l'ordre d'enlever les girouettes des combles du château, les têtes-de-loups et les tiercelets du portail, de faire démolir les créneaux, etc., etc., elle s'empressa d'elle-même d'accorder ces puériles concessions aux nouvelles idées qui venaient d'envahir la France, et s'acquit d'un coup la réputation d'excellente citoyenne. Vint l'ordre de la suppression des couvents; sœur Rose n'en fut nullement effrayée. Elle se hâta d'acheter des assignats pour une somme assez minime de numéraire, et se procura ainsi de grandes valeurs nominatives, puis le jour venu de la vente de la propriété du couvent, elle se porta adjudicataire sous le nom d'un pauvre diable de chevrier, son voisin, en qui elle avait toute confiance : de sorte qu'elle rentra dans la possession légale de l'enclos, des bois et du château.

— Personne ne se présenta donc pour lui disputer cette belle propriété?

— Personne! On prétend que plusieurs des administrateurs du district avaient reçu, pour écarter les concurrents, d'assez fortes sommes en argent; or, comme je sais la citoyenne Rose fort avisée, je suis très-porté à croire à la véracité de ces assertions. Quant aux paysans, ils aimaient trop l'excellente abbesse, leur Providence dans le malheur, pour songer un seul instant à s'approprier le couvent ; ils eussent, au contraire, assommé sans pitié celui qui se serait opposé aux desseins de la citoyenne Rose. Une fois légalement réinstallée dans son monastère, la prudente abbesse remplaça le costume religieux de ses sœurs par des vêtements en étoffe de bure, nommée Cadis, et taillés comme ceux des villageoises. Restaient les cloches qui, en sonnant les divers exercices religieux, devaient la trahir : sœur Rose les supprima également et adopta à leur place de bruyantes crécelles, puis enfin, pour expliquer et motiver la réunion d'une aussi grande quantité de femmes, elle fonda un pensionnat pour les jeunes filles.

— Je doute, dis-je en interrompant mon jeune compagnon, que ce pensionnat ait reçu les enfants de beaucoup de familles.

— Vous vous trompez, c'est le contraire qui a eu lieu. La plupart des révolutionnaires enrichis, ou sur le point de faire fortune, s'empressèrent de confier leurs filles à la citoyenne Rose, pour qu'elle fît leur éducation et leur donnât de bonnes manières !

— Au fait, j'aurais tort de m'étonner de cela! Dans les révolutions, les voleurs parvenus, une fois qu'ils ont réussi à amasser des richesses, finissent aisément par se figurer qu'ils ne doivent leur fortune qu'à leur travail, et qu'ils sont destinés à prendre rang dans une aristocratie nouvelle. Ils recherchent alors avidement pour leurs descendants, pour les héritiers de leur nom, cette éducation qu'ils blâmaient et traitaient de futile, lorsqu'elle était le privilège exclusif des enfants des riches qu'ils ont dépouillés.

— C'est justement ce qui arrive avec la citoyenne Rose. La plupart de ses pensionnaires sont les filles des administrateurs du district ou des employés supérieurs du département... Ceci vous explique comment il se fait qu'on la laisse si tranquille. Quant à moi, j'ai été envoyé par mon oncle pour voir sa fille qui habite le pensionnat, et avec laquelle on veut me marier.

— Je vous remercie beaucoup de vos renseignements; cette histoire d'un couvent florissant sous l'an II de la République me paraît unique dans son genre ! Seulement, permettez-moi une simple observation, que je vous prie de ne pas prendre en mauvaise part.

— Voyons cette observation, mon officier.

— C'est que vous ne me connaissez que depuis hier, que vous ne savez ni quels sont mes antécédents, ni qui je suis même, et que vous avez agi avec une rare indiscrétion en me confiant un secret aussi important que celui de l'existence de ce couvent de filles de Saint-Benoît ! Supposez que je sois un espion ou un malhonnête homme, moins encore, si vous voulez, un ambitieux, qui ne recule pas devant une dénonciation pour assurer son avancement, et voyez quelles seraient les conséquences de votre étourderie...

A cette réponse que je fis d'un air grave, le jeune Abel changea de couleur et se mit à me regarder avec plus d'attention qu'il ne l'avait fait jusqu'alors.

Désirant lui donner une leçon qui lui servît à l'avenir, je fronçai le sourcil et, pressant le pas, je pris l'avance sur lui, de façon à lui laisser voir que je désirais laisser tomber la conversation.

Ce ne fut qu'un peu avant d'arriver à Mende, c'est-à-dire à la tombée de la nuit, qu'Abel m'adressa de nouveau la parole. Il me demanda de vouloir bien lui faire l'honneur d'accepter l'hospitalité chez son oncle : je refusai sèchement, et après lui avoir adressé un léger salut, je le quittai brusquement pour me rendre à l'auberge.

Il me sembla que le jeune homme me suivait de loin : je présumai que sous peu je recevrais sa visite.

Le lendemain matin, je dormais profondément, lorsque l'hôtelier ouvrit avec fracas la porte de ma chambre et me réveilla en sursaut.

— Qui t'a permis d'entrer ainsi chez moi à pareille heure, et de troubler mon sommeil? lui demandai-je avec colère.

L'hôtelier, sans me répondre, écarta les rideaux de la fenêtre et me désignant à un gros homme fort proprement vêtu et que l'obscurité, car il faisait à peine jour, ne m'avait pas permis d'apercevoir jusqu'alors :

— Voici, dit-il à l'inconnu, l'individu en question.

Le gros homme s'avança vivement vers mon lit, me regarda un instant avec attention, puis d'une voix impérieuse :

— Je suis un des administrateurs du district, me dit-il, montrez-moi vos papiers : vous me semblez suspect.

— Citoyen administrateur, lui répondis-je avec sang-froid, donnez-moi, je vous prie, mon sac qui est là, à côté de la fenêtre. Merci. Tenez : voici ma feuille, lisez et laissez-moi dormir.

— Ces papiers paraissent être assez en règle, dit l'administrateur en s'adressant à l'aubergiste; vous pouvez vous retirer, mon ami... si j'ai besoin de vous, je vous appellerai. Restez toujours à portée de ma voix.

— Citoyen officier, continua l'administrateur, lorsque nous fûmes seuls, votre feuille de route est bien vieille de date. Je veux donc absolument que vous m'appreniez qui vous êtes, quelle est votre famille, quels sont vos moyens d'existence?

— Avant de répondre à vos questions, lui dis-je en le regardant fixement, je désire apprendre moi-même si vous n'êtes pas le père d'une jeune personne charmante et l'oncle d'un étourdi comme on en voit peu?

— Allons, je vois que vous êtes un homme d'esprit! s'écria l'administrateur, dont l'air de gravité disparut pour faire place à un franc rire. Le fait est que mon neveu, en m'avouant son imprudence d'hier, m'a fait passer une bien mauvaise nuit! Je vois à présent que le jeune homme a eu plus de bonheur qu'il ne le méritait, et je n'insiste plus pour savoir qui vous êtes.

— Je n'entends pas me laisser vaincre en générosité, répondis-je en riant aussi, puisque ma feuille de route ne vous inspire pas de confiance, tant pis pour vous, il faut que vous subissiez le récit de ma généalogie...

En effet, j'expliquai en peu de mots à l'administrateur comment j'avais été victime de la réquisition, puis je le mis au courant de la position de ma famille.

— Ah! voilà vraiment un hasard bien singulier, s'écriat-il avec vivacité, au beau milieu de mon récit : savez-vous, citoyen, que j'ai été lié intimement avec votre père!

— Vous! est-il possible?

— Parfaitement, puisque cela est. Ne vous souvient-il pas d'un voyage que fit votre père à Paris, il y a une dizaine d'années, pour suivre un important procès...

— Qu'il gagna! Cette circonstance a pesé d'un assez grand poids dans notre destinée pour qu'aucun de nous ne l'ait oubliée...

— Eh bien! c'est moi qui étais l'avocat de votre père!...

— Alors c'est M. de la Rouvrette que j'ai devant les yeux!

— Lui-même, jeune homme! Seulement je vous prierai, car je suis un partisan absolu de l'égalité, de supprimer cette particule que vous mettez obligeamment devant mon nom, et de m'appeler Larouvrette tout court!

— Qu'à cela ne tienne, citoyen; je croyais pourtant avoir entendu dire que votre famille appartenait à la noblesse!

— Je ne puis être solidaire des errements de mes aïeux!

— Soit, citoyen Larouvrette, je laisserai de côté cette particule qui vous blesse, c'est convenu!

Après une conversation à propos rompus, l'administrateur du district se retira pour me laisser reposer, mais non sans m'avoir fait promettre auparavant, qu'aussitôt levé je me rendrais chez lui où il allait me faire préparer un appartement.

Ce ne fut pas sans rougir légèrement que son neveu Abel me revit; il convint au reste de fort bonne grâce que son indiscrétion méritait une leçon, et il me remercia de la lui avoir donnée avec autant de ménagement que j'en avais mis.

La journée terminée, je voulus prendre congé du citoyen Larouvrette, — car mon intention était de me mettre en route le lendemain, — mais l'administrateur du district s'opposa vivement à ma résolution.

— Vous passerez ici toute la semaine, me dit-il; s'il faut employer la force pour vous retenir, je l'emploierai! Quoi! je trouve, par un hasard merveilleux, le fils d'un de mes bons amis, et je le laisserais repartir exténué de fatigue et tout poudreux, lorsque quelques jours de repos lui seraient si nécessaires! C'est impossible!

J'eus beau protester et me débattre, le citoyen Larouvrette ne voulut jamais consentir à me rendre ma liberté; tout ce que je pus obtenir de son entêtement, ce fut qu'il ne me garderait que quatre jours.

Le jour fixé pour notre départ arrivé, nous nous mîmes en route, le citoyen Larouvrette et moi, après le déjeuner.

Mon compagnon m'apprit que le frère qu'il allait voir pour traiter avec lui du mariage d'Abel était un ultra-royaliste.

— Comprenez-vous l'opiniâtreté de mon frère! ajouta-t-il. Il s'oppose à ce que son fils épouse ma fille, sous le prétexte que j'ai des sentiments républicains trop tranchés. Or, vous saurez que mon frère possède pour toute fortune un capital de mille écus au plus de rente, tandis que mon avoir s'élève au moins au triple de cette somme. Je représente donc, en ce moment, la richesse courant après la pauvreté. Vraiment, si je n'aimais pas autant que je les aime, et ma fille et Abel, je n'aurais jamais songé à remettre les pieds chez mon aîné!

Il faisait à peu près nuit lorsque nous arrivâmes au terme de notre voyage. L'habitation du frère aîné de M. Larouvrette tenait le milieu entre une maison de campagne et une ferme : l'utile et l'agréable s'y trouvaient réunis.

— Si vous tenez à vous mettre dans les bonnes grâces de mon frère, me dit mon compagnon, je vous conseille de supprimer avec lui le citoyen, de l'appeler monsieur, et de replacer devant son nom la particule que je retranche du mien. Mon frère aîné, je vous le répète, est un royaliste enragé.

M. de La Rouvrette pouvait avoir de cinquante à cinquante-cinq ans. Sa physionomie, pleine d'expression, laissait deviner une énergie peu ordinaire. De taille moyenne et bien prise, il devait être doué d'une force musculaire remarquable. Au reste, on comprenait à son langage simple et aisé, à ses manières pleines de naturel et de laisser-aller, que l'on avait affaire à un homme parfaitement élevé et à qui l'usage de la bonne compagnie était familier.

Il reçut son frère sans démonstrations exagérées d'amitié, mais avec une cordialité qui me donna l'assurance qu'il n'était pas un royaliste aussi fanatique qu'on le prétendait, et qu'il savait comprendre et respecter une opinion contraire à la sienne, quand elle lui semblait le résultat d'une conviction loyale et sincère.

La vue de l'uniforme que je portais me parut lui causer un mouvement involontaire de mauvaise humeur; mais il n'en fut pas moins pour moi d'une exquise politesse; seulement à cette politesse se mêlait une réserve et une froideur bien marquées, — sans être offensantes, — qui, dès le premier moment, élevèrent une barrière entre l'intimité et nous.

Tout le temps que dura le souper, M. de La Rouvrette tint la conversation dans un milieu neutre, si je puis me servir de cette expression, et évita avec soin toute parole ou toute allusion qui eût pu nous conduire sur le terrain brûlant de la politique. Je remarquai avec plaisir qu'il ne m'adressa pas une seule question personnelle, et ne chercha à connaître ni mes antécédents ni mon nom : son frère m'avait présenté à lui comme un ami : cela suffisait au vieux gentilhomme.

Le lendemain matin, appelé par la cloche qui sonnait le déjeuner, j'entrais dans la salle à manger, lorsque M. de La Rouvrette s'avançant vivement à ma rencontre et me prenant la main :

— Je vous demande bien pardon, mon cher monsieur, me dit-il d'un ton affectueux, de la froideur que j'ai pu vous montrer hier au soir à mon insu, mais je n'avais pas l'honneur de vous connaître, et vous savez si par le temps qui court il n'est pas permis d'être circonspect. Mon frère, en m'apprenant et qui vous êtes, et l'excellente leçon de prudence que vous avez été assez bon pour donner à mon étourdi de fils, me fait regretter d'avoir perdu une bonne soirée de causerie. Au reste, j'espère que vous voudrez bien m'accorder quelques jours...

Le lendemain, le citoyen Larouvrette repartit pour Mende ; ne pouvant résister aux cordiales avances de son frère aîné, je résolus de rester quelques jours avec lui.

<h2 style="text-align:center">IX</h2>

Jamais de ma vie je ne me souviens d'avoir rencontré un homme aussi poli et aussi complaisant que l'était mon hôte. S'associant à mes excursions de botaniste et de minéralogiste avec une complaisance dont son âge doublait le prix, il me servait de guide et m'accompagnait partout dans la montagne.

Un jour, le soleil marquait à peine une heure, lorsque M. de la Rouvrette me proposa de rentrer à Marvejols.

— Votre intention n'était-elle donc pas, lui dis-je, de continuer notre promenade jusqu'à la fin du jour ?

— En effet, me répondit-il, j'espérais pouvoir vous tenir compagnie plus longtemps, mais j'ai réfléchi que, devant me mettre en route demain matin, j'ai besoin de prendre aujourd'hui un peu de repos.

— Vous partez pour un long voyage ?

— Nullement ; je n'entreprends qu'une simple excursion ; mais cette excursion, pénible par les obstacles qu'elle présente, et ne pouvant s'accomplir qu'à pied, offre certains dangers et demande l'emploi de toutes mes forces. Mais, j'y songe, voulez-vous m'accompagner ?

— Je suis entièrement à vos ordres et je vous suivrai en aveugle partout où vous voudrez bien me conduire.

— C'est à quoi je ne puis consentir, me répondit M. de La Rouvrette, car votre détermination dans cette circonstance est beaucoup plus importante que vous ne vous l'imaginez.

— Comment cela? Expliquez-vous.

— L'excursion que j'entreprends demain, me répondit d'un ton sérieux mon compagnon, ne m'expose que fort peu personnellement, tandis qu'elle présente pour vous de grands dangers. En vous associant à mon entreprise, vous vous trouvez donc placé dans une position différente de la mienne, et je ne veux pas assumer sur moi la responsabilité de ce qui pourrait vous arriver de malheureux.

— Je vous priais tout à l'heure de vous expliquer ; je réitère cette demande.

— Volontiers, mais à une condition : c'est que vous allez vous engager sur l'honneur, vis-à-vis de moi, à ne jamais révéler, du moins tant que la République existera, ce que je vais vous raconter.

— Je vous engage ma parole, et je vous écoute.

— Eh bien! mon cher ami, reprit M. de la Rouvrette, je dois demain aller rendre visite à mon frère aîné l'archidiacre, actuellement proscrit et mis hors la loi !

— Quoi ! votre frère a été assez imprudent pour ne pas émigrer? m'écriai-je. Mais, pardonnez-moi la peine que va sans doute vous causer ma question. N'est-il donc pas à peu près certain qu'en restant en France, il finira tôt ou tard par tomber entre les mains de ses persécuteurs ?

— Je vous remercie beaucoup de l'intérêt que vous voulez bien témoigner à l'homme que j'aime le plus au monde ; mais rassurez-vous, mon frère est loin d'être aussi exposé que vous vous l'imaginez : parmi ses nombreux compagnons

d'infortune, trois seulement ont été arrêtés par les républicains !

— Comment, ses nombreux compagnons d'infortune? Est-il possible que tant de proscrits se trouvant réunis n'aient pas encore éveillé la cupidité des délateurs et les soupçons de l'autorité !

— L'autorité connaît parfaitement la présence de mon frère, ainsi que celle de ses compagnons, sur le sol français, me répondit M. de La Rouvrette en souriant; seulement, elle ne peut s'emparer de leurs personnes. Cessez d'ouvrir ainsi de grands yeux étonnés, et sachez que depuis plus d'un an mon bien-aimé archidiacre vit réfugié dans les profondeurs inaccessibles des forêts... Vous devez comprendre à présent combien votre uniforme d'officier républicain est une mauvaise recommandation pour quarante prêtres ou gentilshommes qui, mis hors la loi, aigris par le malheur, et rendus méfiants par la persécution, verront peut-être en vous un espion dont la mort peut seule assurer le silence ! J'aurais beau me porter caution de votre loyauté, déclarer que je connais votre famille et répondre pour vous corps pour corps, je ne suis pas certain d'être écouté. Des hommes traqués comme s'ils étaient des bêtes fauves sont excusables, jusqu'à un certain point, d'oublier, devant une augmentation possible de leurs maux, qu'ils appartiennent à l'humanité. Réfléchissez donc mûrement à ma proposition, — que je me repens presque de vous avoir faite, — avant de me répondre.

— Je n'ai nullement besoin de réfléchir, mon cher monsieur, m'écriai-je, ma résolution est prise : je vous accompagnerai demain.

— Vous avez foi en votre bonne étoile ?

— Ce n'est pas là le motif de mon acceptation ; j'ai réfléchi, vous connaissant bon et loyal comme vous l'êtes, que si réellement vous voyiez un danger aussi imminent et aussi sérieux pour moi que vous affectez de croire qu'il existe, vous ne m'auriez pas proposé de vous accompagner. Toutefois, comme je commets, à la rigueur, une imprudence qui pourrait me valoir certains désagréments, votre conscience vous pousse à me peindre sous des couleurs très-sombres ce que vous voyez autrement, afin que si quelque malheur, que vous ne prévoyez pas, m'arrivait, vous n'ayez aucun reproche à vous faire à vous-même. Avouez que j'ai bien deviné votre façon d'agir !

— Allons, je vois que vous êtes observateur, mon officier, me dit le vieux gentilhomme en riant; la main sur la conscience vous courez certains dangers ; mais, d'un autre côté, j'avoue, connaissant l'intention où vous êtes d'écrire plus tard l'histoire intime de notre triste époque, qu'en refusant ma proposition vous manquez une occasion probablement unique de voir avec quelle flexibilité, de riches ecclésiastiques accoutumés à une vie délicate, et de jeunes officiers façonnés à une existence animée et mondaine, se sont pliés sous le joug de la nécessité ! Enfin, et pour la dernière fois, réfléchissez, examinez bien, et décidez-vous !

— Quel mal ai-je fait à ces nobles proscrits, répondis-je, et quelle vengeance ont-ils à exercer contre moi ? Ne suis-je pas aussi une victime de la réquisition ? Les monstres qui gouvernent aujourd'hui la France, si cela peut s'appeler gouverner, ne sont-ils pas nos oppresseurs et nos ennemis communs! Eh! mon Dieu, quand le loup et le chien sont tombés au fond du même piège, songent-ils à se mordre? Les royalistes et les républicains de bonne foi en sont arrivés à présent, en haine des exécrables tyrans qui ensanglantent et pressurent notre pauvre pays, à se donner la main.

De retour à Marvejols, nous soupâmes de bonne heure, afin de bien nous reposer, et le lendemain matin nous nous mîmes en route avant le lever du soleil.

Si je n'avais pas tout récemment visité les Alpes, j'aurais trouvé les montagnes, que je parcourais depuis mon entrée dans les Cévennes, grandes, majestueuses et pittoresques au possible. Ce ne fut cependant pas sans un vif sentiment d'admiration que j'aperçus sur leurs cimes, ces vastes et profonds étangs qui dorment depuis des siècles enfermés dans leurs lits de granit.

En redescendant dans la plaine, nous trouvâmes, M. de La Rouvrette et moi, une immense quantité de troupeaux, dont les bergers, l'air réfléchi et absorbé, semblaient ne pas s'apercevoir de notre présence.

— Ces gardiens de moutons composent-ils des idylles pour leurs bergères? dis-je en plaisantant à mon compagnon de route. Remarquez donc, je vous prie, la préoccupation qui se lit sur leurs visages.

— Ces bergers font mieux en ce moment que de chercher des rimes et scander des hémistiches, me répondit-il, ils élèvent leur âme vers Dieu!

— Plaît-il? Que dites-vous là?

— Adressez la parole à un de ces bergers, continua M. de La Rouvrette, et je vous parie qu'il ne vous répondra pas.

— Je ne vois pas trop ce que prouverait cette expérience, sinon que je ne sais pas m'exprimer en patois ou que ces Tityres manquent de politesse. N'importe, je vais la tenter : ce sera toujours un détail de mœurs à inscrire sur mes tablettes.

Je m'approchai aussitôt d'un berger, et le touchant légèrement à l'épaule :

— Mon ami, lui dis-je, quel est le plus court chemin à suivre pour se rendre d'ici à Saint-Flour?

Le gardeur de moutons, au lieu de me répondre, ouvrit de grands yeux, plissa son front et étendit le col comme s'il eût cherché à saisir un bruit flottant dans l'espace. J'allais répéter ma question, en l'accompagnant d'un geste plus énergique, lorsqu'il me sembla entendre le son lointain d'une clochette; en effet, je ne me trompais pas. Ce son augmenta même d'intensité avec une telle rapidité que je ne pus me rendre compte de ce phénomène.

Au même instant le berger tomba à genoux, et baissant la tête, resta pendant quelques secondes plongé dans une extase profonde.

— Que diable signifient toutes ces démonstrations? m'écriai-je, prêt à prendre, pour le relever, le berger par le collet de peau de chèvre qui lui servait de veste.

— Laissez cet homme tranquille et ne le troublez pas, mon cher ami; me dit M. de La Rouvrette en me retenant le bras : il assiste en ce moment à la messe.

— Comment! il assiste à la messe! mais je ne vois pas l'ombre d'une église à portée de la vue.

— Aussi cette messe n'est-elle pas dite dans une église; ce sont les proscrits que nous allons trouver qui la célèbrent dans les bois.

— Eh bien, alors, comment ce berger peut-il deviner ce fait, supposant toutefois qu'il ait lieu!

— Vous êtes trop curieux, cher ami, et je ne répondrai pas à votre question afin de vous laisser le plaisir d'obtenir cette explication des proscrits eux-mêmes.

— Bah! vous voulez vous moquer de moi! cet homme ne me répond pas, parce qu'il est probablement sourd.

J'achevais à peine de prononcer ces mots, lorsque le berger s'avançant gravement vers moi, et me montrant un des points de l'horizon du doigt :

— Voici le chemin qu'il faut prendre et là se trouve Saint-Flour, citoyen, me dit-il, bon voyage et que Dieu vous bénisse!

M. de La Rouvrette, en entendant la réponse du pâtre, se mit à rire, et, se retournant vers moi :

— Eh bien! pensez-vous toujours, mon cher monsieur, me dit-il, que cet homme soit sourd? Croyez-moi, je n'ai pas voulu vous tromper tout à l'heure en prétendant qu'il assistait à la messe. Vous foulez à présent une terre pleine de mystères.

Il pouvait être près de trois heures lorsque nous atteignîmes, mon compagnon de route et moi, la lisière d'une vaste et sombre forêt, que nous apercevions depuis longtemps à l'horizon.

— Nous voici à peu près arrivés, me dit M. de La Rou-

vrette, encore quelques minutes et je vais serrer mon bon frère dans mes bras.

Au-delà de la première lisière de la forêt nous eûmes à gravir une butte assez rapide et escarpée, couverte par de hautes bruyères. Je m'étais arrêté un moment pour cueillir une plante, quand une exclamation poussée près de moi me fit relever la tête; je vis M. de La Rouvrette embrassant, avec toutes les démonstrations d'une vive joie, un gros paysan qui venait de sortir d'un épais fourré.

Quoique la bonté de mon hôte ne fît pas question pour moi, je le savais cependant trop collet-monté et trop observateur de l'étiquette pour voir sans étonnement la façon plus que familière et toute affectueuse dont il se conduisait avec ce paysan. Je me hâtai de presser le pas pour les rejoindre.

Le campagnard, en m'apercevant, ne put retenir un mouvement de surprise, presque de peur, et il porta vivement sa main sous sa veste, où je vis briller les canons d'une paire de pistolets.

— Rassurez-vous, monsieur le prieur, lui dit en riant mon hôte, l'habit ne prouve rien par le temps de mascarade qui court. Monsieur est mon ami, et vous pouvez avoir en lui toute confiance.

Le prieur me salua alors poliment, s'excusa en fort bons termes auprès de moi de ses soupçons trop justifiés, ajouta-t-il, par les persécutions qu'il avait subies, et se hâta de me demander si je savais quelques nouvelles politiques dignes d'intérêt.

Au sortir des bruyères, nous trouvâmes une seconde butte plus escarpée et plus élevée encore que la première, butte qui, vue de loin, ressemblait à un colossal donjon ruiné par le temps et recouvert de verdure.

Nous étions occupés à franchir cet obstacle quand un jeune paysan, vêtu d'une veste toute déchirée et portant un fusil à deux coups sur son épaule, apparut subitement à nos regards.

M. de La Rouvrette l'embrassa tendrement, en l'appelant monsieur le chevalier; enfin, arrivés sur le sommet de la butte, nous trouvâmes encore un homme d'un certain âge, le corps recouvert d'une carmagnole, et armé également d'un fusil que mon compagnon salua profondément, en disant : Monseigneur, je suis bien heureux de vous retrouver en bonne santé! Cet homme à la carmagnole n'était rien moins qu'un évêque.

Le prieur, le chevalier et l'évêque, après nous avoir promis de nous rejoindre, une fois leur faction finie, nous laissèrent alors, et nous poursuivîmes seuls notre chemin.

Une voix grave, sonore et cadencée, qui s'élevait solitaire au milieu du silence de la forêt, nous servait à guider nos pas. Nous arrivâmes ainsi en peu de minutes au milieu d'une vaste plate-forme, où un spectacle que je n'oublierai jamais se présenta à ma vue.

Une dizaine d'hommes agenouillés écoutaient un prêtre qui, revêtu de sa chasuble, récitait le bréviaire; près d'eux reposaient à terre leurs fusils.

Je dois rendre cette justice à ce pieux auditoire de constater que pas un de ceux qui le composaient ne se dérangea à notre apparition. La voix du prêtre continua à retentir calme et sonore.

Le soleil, déclinant alors à l'horizon, filtrait à travers les branches et produisait un prisme singulier, qui rappelait assez les teintes douces et animées tout à la fois que donnent les vitraux des églises.

Ce fait, en continuant à exalter mon imagination déjà vivement excitée par le milieu tout à fait exceptionnel dans lequel je me trouvais, me causa une curieuse hallucination. La voix du prêtre se changea pour moi en un chœur, les voûtes de verdure en arceaux d'église, les haillons des officiants en ornements sacerdotaux, et je ne tardai pas à me croire reporté aux temps passés et assistant à une cérémonie religieuse dans la cathédrale de ma ville!

L'office terminé, les chanoines, — car presque tous ces prétendus paysans étaient des chanoines, — entourèrent M. de La Rouvrette, et l'accablèrent d'amitiés.

Mon compagnon me présenta aussitôt à ces proscrits comme une des victimes de la réquisition, et tous me plaignirent comme si leur sort n'eût pas été plus triste que le mien.

— Consolez-vous, jeune homme, me dit un des chanoines, les excès monstrueux et sans nom qui désolent notre époque ne peuvent se prolonger encore bien longtemps. Dans peu la France reviendra à son passé et rétablira l'ancien ordre des choses.

— Je désire ardemment la chute du lâche et sanguinaire Robespierre, ainsi que celle de tous ses abominables complices, répondis-je au chanoine, mais je suis républicain et je ne souhaite nullement le retour de l'ancien régime ! Que voulez-vous, messieurs, continuai-je en remarquant l'extrême étonnement causé par ma réponse, je suis encore bien jeune, et les illusions sont de mon âge ; je crois à la possibilité de fonder une bonne République !

— Mes amis, s'écria M. de La Rouvrette qui s'empressa de prendre la parole, vous voyez qu'en vous présentant monsieur comme un homme de cœur, je ne vous ai pas trompés. Sa franchise doit vous prouver sa loyauté. Le despotisme l'a fait soldat ; l'estime de ses camarades, officier, et l'horreur que lui causent les excès de la révolution et la vue du sang le reconduit dans sa famille, que je connais, et qui est des plus estimables. Soyez donc, je vous en supplie, pleins de confiance dans son honneur et dans sa discrétion. Je réponds de lui corps pour corps !

— La présence de monsieur avec vous suffit, mon cher de La Rouvrette, pour que nous ayons en lui toute confiance, répondit un des chanoines ; personne ne peut être juge en fait d'honneur que vous.

Après cette réponse obligeante pour mon hôte, et rassurante pour moi, plusieurs des prêtres proscrits se mirent à causer à voix basse avec M. de La Rouvrette, tandis que d'autres s'occupèrent de préparer le souper commun.

Ce repas, improvisé au milieu d'une forêt, me rappela une des descriptions d'Homère. Des feuilles sèches furent amoncelées sous des bûchettes appuyées contre une grosse pierre plate, et bientôt une grande flamme s'éleva dans l'air. D'un massif d'épines noires, un petit homme déjà âgé, ainsi que le prouvaient les nombreuses rides de son visage, mais vif et alerte comme s'il n'eût eu que quinze ans, sortit un grand quartier de veau, le passa dans une broche, et s'adressant à ses compagnons d'infortune :

— Quel est celui de vous, messieurs, qui prend la semaine aujourd'hui ? leur demanda-t-il.

— C'est le révérend père provincial, répondirent plusieurs voix.

Au même instant, le révérend père provincial, beau vieillard de soixante à soixante-cinq ans, arriva en s'excusant sur son retard, et se mit aussitôt à tourner la broche.

— Je m'en vais à présent chercher le pain et le fromage que nos paysans ont dû déposer ce matin sous le roc de la Male-Dent, reprit le petit homme à l'allure vive qui avait allumé le feu.

Le quartier de veau, soigneusement surveillé par le révérend père provincial, se teignait déjà de teintes dorées et exhalait une appétissante odeur, lorsqu'un jeune frère, le front ruisselant de sueur, apporta un magnifique lièvre qu'il venait de tuer d'un coup de fusil.

Ce fut, à cette bonne aubaine, une joie générale.

— Je vote des remercîments au citoyen, dit un des chanoines en parodiant le style de l'époque, c'est le second jacobin qu'il nous apporte depuis quatre jours.

— Qu'entendez-vous par jacobin, monsieur ? demandai-je fort poliment au prêtre et de façon qu'il ne pût supposer que mon intention était de lui chercher querelle.

— Je vous prie de m'excuser de m'être servi de cette expression que nous employons familièrement entre nous pour désigner un lièvre, me répondit-il en essayant de sourire ; mais nous avons tellement peu l'habitude de nous trouver avec des républicains, que j'ai oublié votre présence. J'espère que vous ne m'en voudrez pas de cette innocente et involontaire plaisanterie.

— Comment donc ! en aucune façon, monsieur. Je suis républicain, je ne m'en cache pas ; mais, grâce à Dieu, je

déteste et je méprise autant que vous pouvez les détester et les méprisez vous-même les gens que l'on appelle jacobins !

Le quartier de veau cuit à point, les proscrits s'assirent en rond sur la pelouse : le frère qui avait tué le jacobin apporta une grande cruche pleine d'une eau limpide de source, et le petit homme qui avait allumé le feu distribua à chacun une tranche de pain arrosée de jus de viande ; on m'apprit que cela représentait la soupe.

Je ne crois pas que jamais plus douce et plus franche gaieté que celle qui présida à ce repas ait régné entre convives. Le contraste frappant que présentait la conversation délicate toujours, profonde souvent et parfois pleine d'érudition de tous ces hommes d'élite sous le rapport de l'instruction et de l'intelligence, avec la grossièreté des mets et la rusticité du service, donnait un piquant que je n'oublierai jamais à cette réunion, dont le souvenir restera toujours vivant dans ma mémoire.

— Comment donc peut-il se faire, monsieur, demandai-je à un chanoine auprès duquel j'étais assis, que vous soyez parvenus à vous habituer à cette rude vie que vous menez depuis si longtemps ?

— Je vous assure, me répondit-il, que cette vie, qui vous paraît si dure, même à vous, soldat, ne manque pas de charmes pour nous. D'abord, il nous sembla pendant les premières semaines que jamais nous ne pourrions nous accoutumer à cette existence nomade, à ces nuits passées à la belle étoile, à ces périls sans cesse renaissants, à ces privations continuelles ; mais bientôt nous nous aperçûmes que la nécessité développe chez l'homme une énergie et une force qu'il ne se soupçonne pas, et après avoir pris notre façon de vivre en horreur, nous reconnûmes qu'elle présentait d'excellents côtés.

Quant à moi, personnellement, qui depuis de longues années étais affecté d'une déplorable santé, le grand air, l'exercice et les privations m'ont refait, si je puis m'exprimer ainsi, une constitution et une jeunesse nouvelles ; je me porte aujourd'hui à ravir.

Le spectacle et les contemplations de la belle nature que nous avons sans cesse devant les yeux élèvent aussi nos pensées, affaiblissent nos passions et donnent un grand calme à notre esprit. Qui sait ? Peut-être bien, quand les princes seront triomphants, et que je rentrerai dans la possession et de ma fortune et de mes dignités, regretterai-je mon ancienne vie de vagabond et de proscrit.

X

Le souper terminé, l'évêque, que j'avais rencontré déguisé en paysan, dit les *Grâces*, et les proscrits, quittant leurs places, se mirent à se promener par groupes détachés.

Je remarquai que ce même frère, qui avait tué un lièvre, arrangeait avec beaucoup de soin, dans une écuelle de bois, une tranche de rôti, du pain et du fromage.

— Est-ce pour une de vos sentinelles que vous préparez ce repas ? lui demandai-je.

— Nous avons, en effet, des sentinelles et des espions chargés de nous garder et de surveiller l'ennemi, me répondit-il, mais cette portion ne leur est pas destinée ; je vais la porter à un curé qui veille depuis huit jours un pauvre jeune homme blessé.

— Un jeune homme des vôtres, et blessé par quelque soldat républicain, sans doute ?

— Oui, le comte de L***, qui a reçu une balle dans l'épaule en s'aventurant tout seul dans les rues de Saint-Flour. C'est même du miracle qu'il n'ait pas été tué...

— Et puis-je vous demander où vous avez trouvé un abri pour ce malheureux ?

— Le comte de L*** n'a pour tout abri que la voûte du ciel !... Heureusement que Dieu a jeté sur lui un regard de miséricorde !... Mais vous me retenez et l'on doit m'attendre avec impatience... Veuillez m'excuser si je vous quitte si brusquement...

— Pourquoi cela nous quitter, dis-je, voyez-vous un inconvénient à ce que je vous accompagne...

— Comment donc ! aucun, me répondit le frère qui se nommait Pierre, et dont l'air franc et déterminé m'avait séduit, votre société me sera au contraire une chose très-précieuse ! je trouve si rarement l'occasion de causer.

— Il me semblait cependant que les réfugiés que cette forêt renferme étaient nombreux.

— En effet, nous sommes à peu près soixante-dix proscrits, mais la plupart de mes compagnons d'infortune sont d'un rang tellement supérieur au mien, que je ne puis guère leur adresser la parole qu'autant qu'ils aient besoin de moi.

— Votre réponse me surprend plus que je ne saurais vous l'exprimer ! Quoi ! vous êtes tous traqués comme des bêtes fauves, les mêmes dangers vous menacent, le même bourreau et la même mort vous attendent, la même forêt vous sert de refuge, et il peut se faire que devant une telle similitude de position, alors que toutes les distinctions sont abolies en France, la hiérarchie du rang existe encore parmi vous !

— Que voulez-vous, mon officier, me répondit simplement frère Pierre, les révolutions auront beau dire et beau faire, elles ne me prouveront jamais que je suis l'égal d'un chanoine ou d'un évêque ! Mon bon sens se révoltera toujours devant une semblable pensée !...

Frère Pierre, tout en parlant, avait continué d'arranger, dans l'écuelle de bois, le dîner qu'il devait porter ; il me fit signe qu'il était prêt, et nous nous mîmes en route.

Nous accrochant aux branches, nous descendîmes par le côté le plus rapide de la butte, puis suivant un sentier à peine tracé, nous arrivâmes à une espèce d'étroite clairière, située entre deux ravins au beau milieu de la forêt.

— C'est ici ! me dit frère Pierre.

— Où cela ici ? je n'aperçois personne.

— Dame, c'est bien le moins, vous m'avouerez, que l'on cache avec soin un pauvre blessé incapable de se défendre ou de fuir si on venait nous attaquer. Avancez avec précaution et marchez derrière moi.

Frère Pierre, écartant avec la main de hautes bruyères qui nous environnaient, fit encore quelques pas, puis d'une voix douce et affectueuse :

— Eh bien, monsieur le comte, dit-il, comment vous trouvez-vous aujourd'hui ?

Alors seulement j'aperçus, placé dans une espèce de fosse, une grande manne de coudrier, longue d'environ six pieds et remplie de mousse, qui servait de lit au blessé.

— Ma blessure est tout à fait guérie, mon frère, répondit le marquis de L*** d'une voix assurée, et si ce n'est la fièvre qui me brûle le sang et me brise les membres, je me serais levé aujourd'hui.

— Oui, pour retourner demain recevoir une autre balle à Saint-Flour, n'est-ce pas, monsieur le comte ? dit un homme que je n'avais pas encore aperçu, caché comme il l'était par des touffes épaisses de bruyères.

— Et quand même cela serait, mon cher curé, répondit le jeune homme, croyez-vous qu'il ne serait pas préférable de mourir frappé d'un coup de feu reçu en pleine poitrine, que de dépérir miné par l'inquiétude, dévoré par la jalousie ?

— Oh ! les jeunes gens, les jeunes gens !... dit lentement le curé en hochant la tête ; ils n'écoutent jamais que la voix des passions qui les conduit au mal...

Le comte, se soulevant à moitié et avec effort sur sa manne, allait répondre lorsque frère Pierre, en déposant par terre son écuelle, me démasqua à ses yeux.

— Quel est ce militaire ? demanda aussitôt le jeune homme en me désignant du regard.

— Ce militaire, monsieur le comte, lui répondis-je, est un républicain modéré et consciencieux, à qui les Jacobins couperont probablement le col un de ces jours, mais qui, en attendant, serait heureux de pouvoir vous être utile et se met complètement à votre disposition.

— A vos manières et à la façon dont vous vous exprimez, je n'aurais jamais deviné vos opinions politiques, monsieur, me répondit le comte de L***. Je vous aurais pris pour un des nôtres. Quant aux offres de service que vous voulez bien me faire, je suis loin de les refuser, et je vous en remercie du plus profond de mon cœur ! Avant tout, une question, ce n'est pas en qualité de proscrit que vous vous trouvez en ce moment dans nos forêts ?

— Nullement : je suis venu ici avec un de mes amis, que vous connaissez peut-être ? M. de La Rouvrette.

— Le baron de La Rouvrette ! c'est le plus galant homme que je sache... Mais pardon, veuillez me permettre d'achever ma question. Si vous n'êtes pas proscrit, vous avez, sans aucun doute, la liberté d'aller où bon vous semble ? Or, quel est, je vous prie, l'itinéraire que vous suivez ?

— Cet itinéraire n'existe pas précisément dans mon esprit ; ma fantaisie de chaque jour le règle. Je ne suis pas fâché, en retournant dans ma famille, d'observer les mœurs de notre époque et de faire provision de souvenirs pour ma vieillesse.

— Mais enfin, vous savez au moins si c'est vers le nord ou vers le midi que vous vous dirigez. Vous devez connaître d'avance quelle est la première ville où vous passerez.

— Certes ; c'est la petite ville de Saint-Flour.

— Vous devez aller à Saint-Flour ! s'écria le comte de L*** avec une certaine vivacité ! Parbleu ! j'ai bien fait tout à l'heure d'accepter vos offres de service ! C'est le ciel qui vous a envoyé vers moi, et vous pouvez tout bonnement me sauver la vie !... Écoutez-moi avec attention, je vous en conjure !

— C'est-à-dire, monsieur le comte, que si vous ajoutez une parole de plus, je prierai monsieur de s'éloigner, s'écria le vieux curé qui gardait le jeune homme. Quoi ! vous sortez d'avoir une crise de douze heures, la fièvre vous dévore encore, et vous voulez vous occuper d'affaires et parler. Du tout, cela ne sera pas... Reposez-vous, dormez, et demain, si vous êtes, comme cela me paraît probable, complètement remis, je vous rendrai votre liberté d'action.

Le vieux curé prononça ces paroles avec une telle fermeté, que le blessé comprit qu'il fallait se soumettre. Un quart d'heure plus tard, il dormait d'un paisible sommeil.

J'allais reprendre la conversation à voix basse, et demander au bon curé des renseignements plus précis et plus détaillés que ceux que j'avais recueillis jusqu'alors sur la manière de vivre des proscrits, lorsque je le vis saisir vivement son fusil, puis appuyer vivement son oreille contre la terre : il me sembla alors distinguer, venant des fourrés voisins, le bruit produit par la marche de plusieurs personnes qui s'avançaient vers nous avec précaution et en silence.

J'avouerai, avec franchise, qu'en entendant les craquements produits par les pas des êtres invisibles qui se dirigeaient de notre côté, en foulant sous leurs pieds les branches mortes des fourrés, je ne pus me défendre d'une assez vive émotion.

Ma position ne laissait pas en effet que d'être fort compliquée et très-embarrassante ; d'abord, à mon sabre près, j'étais sans armes ; ensuite, en supposant toutefois que j'eusse possédé un fusil, m'était-il permis de faire feu, à moi militaire, contre des troupes dans l'exercice de leur devoir ? Pourtant, d'un autre côté, si je ne prenais pas part à l'action, qui allait sans doute s'engager, et que le détachement envoyé à la poursuite des proscrits me fît prisonnier, ma présence dans cette forêt, au milieu de tous ces nobles et de ces ecclésiastiques mis hors la loi, n'entraînerait-elle pas, à coup sûr, la perte de ma tête ? Enfin, considération suprême et qui dominait toutes mes craintes, j'avais peur que cette expédition, dirigée contre les proscrits et qui coïncidait d'une si déplorable façon avec mon arrivée parmi eux, ne leur donnât la conviction que j'étais un espion ou un traître.

Toutes ces réflexions, qui m'assaillirent et me serrèrent à la fois l'esprit et le cœur, n'eurent pas, heureusement pour moi, une longue durée : elles me prirent cent fois moins de temps que je n'en mets ici à les raconter.

Le cri mélancolique et disgracieux d'un oiseau de nuit s'éleva bientôt au milieu du silence; le vieux curé déposa alors son fusil par terre, reprit tranquillement sa place, et se retournant vers moi :

— Il n'y a rien à craindre, me dit-il d'une voix calme et que l'appréhension d'un danger imminent n'avait pas altérée; ce sont des amis qui viennent rendre visite à M. le comte.

En effet, presque aussitôt, je vis apparaître M. de La Rouvrette, donnant le bras à un homme âgé environ d'une dizaine d'années plus que lui; je courus à sa rencontre.

— Mon cher monsieur, me dit-il, je vous présente mon frère aîné, l'archidiacre.

— Ah ! vous m'avez bien effrayé, lui répondis-je après avoir salué profondément l'archidiacre, j'ai cru un instant que nous étions surpris par un détachement de troupes révolutionnaires.

— Oh ! ce danger n'est guère à craindre, me dit-il en souriant, mes précautions sont prises ! Non-seulement nous plaçons continuellement des sentinelles sur les éminences qui dominent les abords de cette forêt, mais nous avons en outre, dans tous les bergers des environs, des alliés fidèles et des espions intelligents et dévoués, qui veillent sur notre sûreté, dans un rayon de plus de quatre lieues de distance !

— Oui, mais la nuit?

— Eh bien ! la nuit si les troupes marchaient contre nous, nous serions de suite avertis de leur arrivée par des signaux convenus.

— Des signaux pendant la nuit?

— Certes; l'obscurité empêche-t-elle donc d'apercevoir un grand feu allumé sur une éminence? C'est le contraire qui a lieu, je suppose.

M. de La Rouvrette et son frère l'archidiacre s'informèrent alors avec beaucoup de sollicitude de la santé du jeune comte; remercièrent et complimentèrent le vieux curé qui le gardait, de son dévouement, et lui proposèrent, s'il se sentait trop fatigué, de prendre sa place et de veiller le malade pendant cette nuit.

— Je vous remercie beaucoup, leur répondit-il, mais je ne puis profiter de votre obligeance. J'ai vu naître le comte de L***, c'est à son grand-père que je dois mon instruction, à son père la prêtrise; aussi ai-je cru voir le doigt de Dieu, lorsque le hasard a conduit dans cette forêt le fils de mon bienfaiteur ! Le jeune comte se trouve en ce moment tout à fait hors de danger; son esprit seul est malade, et comme je suis l'unique personne qui connaisse la cause de son chagrin, qu'avec moi seul il peut en parler à cœur ouvert, je lui suis tout à fait indispensable.

M. de La Rouvrette ne jugea pas à propos d'insister, et après être resté encore environ une demi-heure avec le vieux curé, il me proposa de l'accompagner au campement général.

— Qu'appelez-vous campement général ? lui demandai-je.

— Tous les soirs, me répondit-il, ces messieurs élèvent des tentes et construisent des espèces de cabanes, qui leur servent à passer la nuit à l'abri de la neige, en hiver, et de la rosée, en été. L'emplacement où l'on dresse ces tentes, qui sont pliées et soigneusement cachées le lendemain matin, s'appelle le campement général.

— Je vous remercie beaucoup de cette explication et de votre offre, mais l'air est si doux et si embaumé, je me trouve si bien où je suis, que je désire veiller au moins une partie de cette nuit auprès de votre malade.

— Soit, monsieur le curé vous conduira au campement lorsqu'on viendra le relever dans sa garde. Au revoir.

M. de La Rouvrette, après m'avoir donné une poignée de main, allait se retirer, lorsque le curé lui dit à voix basse quelques mots à l'oreille, qui lui arrachèrent une exclamation de surprise.

— Vous auriez dû, monsieur le curé, nous avertir plus tôt de ce fait, qui me semble fort grave, lui répondit-il.

— J'ai été retenu par la crainte d'effrayer inutilement la station.

— Il vaut mieux effrayer ses amis que de les laisser tomber dans un danger ! Au reste, nous aviserons demain à faire une battue dans la forêt. En attendant, je vais de ce pas visiter les sentinelles et leur recommander la plus extrême surveillance.

Lorsque M. de La Rouvrette se fut éloigné avec son frère, je fus voir si le comte de L*** dormait, et le trouvant plongé dans un profond sommeil, je revins prendre ma place auprès du vieux curé :

— Monsieur, lui dis-je, le malade ne peut nous entendre; l'amitié que me porte M. de La Rouvrette vous garantit ma loyauté, me permettez-vous de vous adresser quelques questions?

— Je suis prêt à vous répondre; parlez.

— Qu'avez-vous donc voulu dire en prétendant que vous avez eu peur d'effrayer la station ?

Pour parler ainsi, il faut donc que vous ayez été témoin de quelque symptôme inquiétant.

— Avant-hier, reprit lentement le bon vieux curé, comme s'il cherchait à se rappeler ses souvenirs, et sans prendre garde à ma dernière question, avant-hier, il pouvait être deux heures après minuit, et je sommeillais à côté de mon malade, lorsque j'entendis un bruit étrange de branches froissées qui se faisait à quelques pas de moi; on eût dit un homme s'avançant avec précaution, et en rampant, à travers les fourrés et les taillis. J'armai aussitôt mon fusil, et, me plaçant entre la manne où repose monsieur le comte et la direction d'où venait le bruit, je poussai de toute la force de mes poumons un sonore « Qui vive ! » tout rentra aussitôt dans le silence. Persuadé que je m'étais trompé, que j'avais été le jouet d'un songe, je repris, sans attacher aucune importance à ce qui venait de se passer, mon sommeil, ou, pour être plus exact, ma méditation interrompue. Jugez de mon anxiété, lorsque, une demi-heure plus tard, les branches recommencèrent à s'agiter, le même bruit se reproduisit. Cette fois le doute ne m'était plus possible ; ma résolution fut prompte. Je m'élançai de toute ma vitesse qui, hélas ! n'est pas bien grande, dans la direction où je supposais qu'un ennemi se trouvait caché : alors un homme que l'obscurité ne me permettait pas d'apercevoir et qui sembla sortir de dessous terre, se mit à fuir devant moi avec une telle légèreté, que bientôt je ne distinguai plus le bruit de ses pas ! Je vous laisse à juger dans quel état d'anxiété je passai le reste de la nuit, non pas, — et Dieu qui m'entend sait combien ma parole est sincère, — que je craigne l'échafaud; mais la pensée que le fils de mes bienfaiteurs pouvait tomber entre les mains des troupes révolutionnaires glaçait mon sang dans mes veines.

Le soleil, en apparaissant splendide à l'horizon, chassa mes tristes pressentiments ! En réfléchissant à la façon dont nous avons su prendre nos précautions, à la vigilance des bergers et des paysans qui nous sont dévoués, à l'impossibilité pour un étranger de parcourir, sans s'égarer ou sans être aperçu par nos sentinelles, les solitudes de nos forêts, je finis par conclure que ce prétendu rôdeur des bois, dont la présence était inexplicable et dont les allures suspectes m'avaient tellement effrayé, devait être tout bonnement un renard ou un sanglier.

Hier enfin, pour abréger et terminer ce trop long récit, le même incident s'est reproduit à peu près de la même façon que la première fois; seulement, ce matin, j'ai trouvé, accroché à un buisson épineux, un morceau de laine rouge, de cette étoffe qui sert à faire des bonnets phrygiens. J'ai donc dû repousser cette explication que le mystérieux visiteur nocturne était un sanglier ou un renard.

— Et vous n'avez communiqué alors vos craintes et vos soupçons à personne? demandai-je au vieux curé, dont le récit m'avait vivement intéressé.

— À une seule personne, me répondit-il, à frère Pierre, qui m'a promis de passer cette nuit à parcourir et à fouiller les alentours de l'endroit où nous nous trouvons en ce moment ! Mais, tenez, je l'entends justement qui vient vers nous.

En effet, à peine le curé achevait-il de prononcer ces paroles quand frère Pierre, le fusil sur l'épaule, en marchant sur la pointe des pieds, se présenta à nos regards.

— Monsieur le curé, dit-il, je crois être sur les traces de la vérité. Si vous entendez cette nuit du bruit, restez immobile jusqu'à ce que je vous appelle, et fiez-vous à mon intelligence pour ne pas exposer monsieur le comte au moindre danger !

Frère Pierre, après avoir dit ces mots à voix basse, nous salua d'une inclinaison de tête, et disparut dans les hautes bruyères.

Peu après, le crépuscule, qui depuis quelques instants avait fait place au jour, disparut chassé par une nuit profonde.

— Monsieur le curé, dis-je alors à mon compagnon, n'éprouveriez-vous donc aucun remords de conscience, si vous étiez attaqué, de faire usage de vos armes ? La religion ne défend-elle pas de verser le sang humain ?

— La religion défend, avant tout, le suicide, me répondit-il ; or, se laisser prendre par les révolutionnaires, n'est-ce pas livrer sa tête au bourreau ? Certes, si je suis jamais attaqué, je repousserai la force par la force, sans éprouver aucun remords du sang versé.

— Et si le hasard faisait tomber entre vos mains un de vos persécuteurs, quelle serait votre conduite ?

— Pouvez-vous m'adresser une pareille question ? je respecterais sa vie et sa liberté ! Mais, je vous en prie, cessons toute conversation : car le son de notre voix, en avertissant de notre présence l'invisible ennemi que redoute tant monsieur le comte, pourrait faire échouer les mesures prises par frère Pierre, en qui j'ai toute confiance.

Me conformant au désir du bon vieux curé, je me blottis dans les bruyères et gardai le silence.

Deux heures passèrent, longues et solennelles, sans que rien ne troublât le silence de la nuit ; déjà je me disais que le prêtre, dont le grand âge avait dû affaiblir les facultés, avait été sans aucun doute le jouet de quelque hallucination, lorsque j'entendis, à une faible distance de l'endroit où je me tenais caché, les branches remuer avec une certaine violence.

J'allais me glisser en rampant jusqu'auprès du vieux curé pour l'avertir, quand un éclair brilla à travers les ombres de la nuit et qu'une détonation, presque aussitôt suivie d'un cri déchirant, partit à quelques pas de moi.

Mettant le sabre à la main, je m'élançai aussitôt hors de ma cachette, prêt à défendre le pauvre bon vieux curé contre les troupes révolutionnaires ; heureusement il ne courait aucun danger, ainsi que nous l'apprit frère Pierre, qui, la main gauche armée d'une lanterne sourde, et tenant dans la droite son fusil, apparut aussitôt à nos regards.

— Ne craignez rien, messieurs, nous dit-il, et suivez-moi ! L'espion doit être mort.

A quelques pas de l'endroit où était couché le comte, nous trouvâmes bientôt, revêtu d'un costume de berger et se débattant dans une mare de sang, un homme que la balle du fusil de frère Pierre avait frappé.

— Qui es-tu ? que venais-tu faire ici, misérable ? lui demandai-je.

— Qui je suis ! hélas ! citoyen, monsieur, un pauvre diable de père de famille que la misère a conduit à commettre une mauvaise action... un crime... et que la justice du ciel punit !... De grâce ! ne m'achevez pas !... Peut-être ne suis-je pas blessé mortellement !... Ayez pitié, sinon de moi, au moins de ma pauvre femme et de mes malheureux enfants...

— Tu as reçu de l'argent pour nous espionner et pour nous livrer au bourreau, infâme ? s'écria frère Pierre.

— Non, mon bon monsieur, ne croyez pas cela, répondit le blessé d'une voix qui s'affaiblissait de plus en plus. Je n'en voulais... ou, pour mieux dire, mon maître n'en voulait qu'à une seule personne d'entre vous...

— A quelle personne ? Voyons, n'essaie pas de mentir !

— Au comte de L***, répondit le blessé.

Frère Pierre allait continuer ses questions, lorsque le comte, dont on venait de prononcer le nom apparut tout à coup lui-même en scène. Le jeune homme était d'une pâleur effrayante ; ses yeux lançaient des éclairs ; jamais visage humain ne refléta une expression de calme plus profonde que celle qu'exprimait le sien en ce moment.

S'avançant lentement vers le blessé, et d'une voix que ses dents serrées rendaient rauque et à peu près inintelligible :

— Comment se porte mademoiselle Laure ? lui demanda-t-il en le regardant avec une fixité chargée de magnétisme, si je puis me servir de cette expression.

— Mademoiselle Laure ! répéta le blessé, vous voulez parler, sans doute, de la citoyenne Durand !

— Elle est donc mariée, mademoiselle Laure ! reprit le jeune comte avec un sang-froid qui m'effraya, car je compris qu'il s'en servait pour cacher un redoublement de colère.

— Certes !... Avec mon maître, le citoyen Durand !... répondit le blessé.

— Laure mariée avec un citoyen !... avec un charron ! s'écria le jeune comte en se précipitant vers le blessé qu'il saisit à la gorge ; misérable, tu en as menti !... Dis que tu as menti ou je t'étrangle !...

Le jeune homme, en proie à un délire furieux et n'ayant plus la conscience de ses actions, serrait la gorge du blessé en répétant d'une voix monotone :

— Dis que tu as menti ! dis que tu as menti !...

Nous eûmes toutes les peines du monde, le vieux curé, frère Pierre et moi, à arracher le blessé de ses mains.

— Voyons, Edouard, du calme, lui disait le curé en serrant ses mains dans les siennes et en laissant couler ses larmes, ne vous affligez pas ainsi pour un mensonge... Je vous assure que je ne crois nullement au mariage de mademoiselle Laure ! Vous savez bien qu'elle n'aime que vous au monde ! que vous êtes son fiancé !... Demain j'irai avec vous à Saint-Flour, et nous l'amènerons ici. Mais, de grâce, modérez-vous... vous allez vous tuer !

Le comte de L***, qui regardait le curé sans l'entendre, poussa bientôt un cri déchirant et tomba par terre en proie à une affreuse attaque de nerfs. Peu à peu cependant, ses transports diminuèrent de violence, et il finit enfin par éclater en sanglots.

— Ah ! grâce à Dieu, le plus grand danger est passé, murmura le curé ; le pauvre enfant pleure... Il est sauvé.

A peine le bon curé achevait-il de prononcer ces paroles, quand des pas nombreux retentirent dans l'étroit sentier qui conduisait à l'endroit où nous nous trouvions. C'était M. de La Rouvrette, accompagné d'une dizaine de proscrits, qui, attirés par le coup de fusil de frère Pierre, accouraient à notre secours.

En peu de mots, je les mis au courant des événements qui venaient d'avoir lieu.

On voulut interroger le blessé, mais il avait perdu connaissance. On le garrotta alors solidement, puis, après l'avoir confié à la garde de deux proscrits, on emmena le jeune comte au campement.

Le reste de la nuit se passa sans aucun incident. Quant à moi, l'esprit frappé par l'événement mystérieux et tragique dont je venais d'être témoin, il me fut impossible de fermer les yeux jusqu'au lendemain matin.

Je venais de me lever, lorsque je vis arriver le héros de la nuit, c'est-à-dire frère Pierre. Je m'empressai de courir à sa rencontre.

— Enfin, m'écriai-je, en lui serrant la main, je vais donc savoir le mot de l'énigme. Figurez-vous, mon frère, que je n'ai pu, tourmenté par la curiosité, fermer les yeux depuis hier soir. Quel est donc cet homme que vous avez blessé ? Que faisait-il dans la forêt ?

— Voilà bien des questions, mon officier, me répondit le jeune frère en souriant ; je regrette de ne pouvoir répondre ni à la première ni à la dernière. Je ne connais nullement cet homme, et j'ignore au juste quelle était son intention en se glissant parmi nous ! Tout ce que je puis, pour satisfaire votre curiosité, c'est de vous apprendre que je n'ai fait feu sur lui qu'en le voyant mettre en joue, avec un pistolet, le jeune comte de L***. A présent vous en savez sur ce sujet autant que moi-même.

— Voilà une bien singulière histoire ! Mon esprit se perd dans les conjectures les plus opposées ! D'abord, comment cet homme a-t-il pu réussir à pénétrer dans le cœur de cette forêt, sans être aperçu par vos nombreuses sentinelles, sans être arrêté, ou du moins signalé par les pâtres et les paysans des environs, qui veillent avec un si grand dévouement à votre sûreté. Enfin, pourquoi cette haine contre le comte de L***, qu'il a tenté, pendant trois nuits suivies, d'assassiner ! Il y a mille à parier contre un qu'il n'avait pourtant jamais, jusqu'à ce jour, vu le jeune comte. Tout cela est bien propre à dérouter l'esprit le plus subtil et le plus investigateur. Je ne sais vraiment plus à quelles suppositions m'arrêter.

— Ayez un peu de patience, cet événement mystérieux ne peut manquer d'être éclairci bientôt, car voici monseigneur l'évêque, accompagné de la plupart des chanoines, qui se dirige de notre côté. Ils vont sans doute interroger le prisonnier.

M. de La Rouvrette, donnant le bras à son frère l'archidiacre, apparut alors sortant du campement; en me voyant, il laissa son frère se mêler au cortége qui accompagnait l'évêque, et vint me trouver.

— J'espère, mon cher monsieur, me dit-il amicalement, que vous ne vous plaindrez pas, vous qui êtes amoureux d'aventures, que les événements vous aient manqué depuis votre arrivée ici : vous vous trouvez en plein drame.

— Je ne vous cacherai pas que ma curiosité est, en effet, excitée au dernier point.

Cinq minutes plus tard, je parvins, à la suite des chanoines, dans une étroite clairière, située non loin du campement, et où j'aperçus, gardé à vue par deux proscrits, et les mains solidement attachées derrière le dos, le berger qui, la veille, avait tenté d'assassiner le jeune comte de L***.

Quoiqu'il eût perdu une grande quantité de sang, le blessé avait toute sa connaissance. Son interrogatoire commença aussitôt notre arrivée.

— Mon ami, lui dit le vénérable évêque, je désire savoir quel est le motif qui t'a conduit à commettre l'abominable action dont tu t'es rendu coupable?

— Hélas! monseigneur, répondit le berger, c'est la misère! Je suis marié, père de trois enfants en bas âge, et je n'ai pour toutes ressources que cent écus par an, que me donne mon maître...

— Mais avec cent écus par an, tu pouvais élever ta famille.

— Oui, monseigneur, si cette somme m'était comptée en argent, mais mon maître me paye en assignats.

— Et quel est ton maître? un fermier, sans doute, car ton costume est celui d'un berger.

— Mon costume, monseigneur, est un déguisement. Il est vrai que dans ma jeunesse j'ai gardé les troupeaux, mais voilà de longues années que j'habite la ville. Mon maître est le citoyen Durand, jadis charron, aujourd'hui président du district de Saint-Flour.

— Et c'est par ordre du citoyen Durand, jadis charron, et à présent président du district, que tu as tenté d'assassiner le comte?

— Oui, monseigneur, par son ordre.

— Mais, j'y songe, comment se fait-il que tu m'appelles monseigneur? Tu me connais donc?

— Ah! monseigneur, je crois bien que je vous connais! C'est vous, il y a de cela aujourd'hui vingt-cinq ans, et j'en avais quinze alors, qui m'avez fait faire ma première communion. Vous étiez, à cette époque, curé de Saint-Flour. Je me nomme Nicolle.

A ce souvenir, le prétendu berger laissa échapper un profond soupir, et des larmes se montrèrent dans ses cils.

Le bon évêque, quoiqu'il affectât de conserver l'impassibilité qui siéd à un juge, était aussi vivement ému :

— Oui, il y a vingt-cinq ans, je possédais en effet la cure de Saint-Flour, répéta-t-il lentement et d'une voix mélancolique. C'était là le bon temps ! Les peuples croyaient en Dieu, leurs mains étaient pures de sang, et leurs pensées n'avaient point pour unique but le vol, la spoliation, le brigandage ! Les serviteurs trouvaient une vieillesse respectée et heureuse sous le même toit où ils étaient nés: les petits-fils de ceux qu'ils avaient fidèlement servis leur fermaient pieusement les paupières !

Il y a vingt-cinq ans, les apprentis laborieux succédaient à leurs maîtres et devenaient riches à leur tour, car à cette époque une bonne conduite était considérée plus encore qu'un capital, et l'argent s'associait volontiers à l'honnêteté active et à l'intelligence ! Oui, mais à cette époque aussi, nous n'étions pas libres !

Nous n'avions pas pour devise ces trois mots magiques d'égalité, de fraternité et de liberté, que l'on écrit à présent sur toutes les portes des prisons et que le bourreau répète à chaque tête qu'il abat; ces mots qui servent toujours de signal quand il s'agit de piller et d'incendier un château, d'égorger un troupeau d'innocentes victimes.

Le bon évêque, après avoir prononcé ces mots avec une amertume pleine de tristesse, se tut et inclina sa tête sur sa poitrine.

— Monseigneur, lui dit, après avoir respecté pendant quelque temps son silence, un des chanoines présents, ne désirez-vous point continuer l'interrogatoire de cet homme?

A cette question le vénérable prélat sembla sortir d'un songe.

— Vous avez raison, mon frère, dit-il d'une voix encore émue. Et s'adressant de nouveau au berger:

— Explique-moi, continua-t-il, comment il se fait que tu aies pénétré au milieu de cette forêt qui nous sert de refuge, sans être aperçu par nos sentinelles, sans nous être signalé par les bergers ou par les paysans qui veillent à notre sûreté ?

— Vous oubliez, monseigneur, répondit le blessé ou Nicolle, que j'ai été moi-même berger pendant ma jeunesse ! Cette forêt m'est parfaitement connue. Il n'y a pas un de ses sentiers que je n'aie parcouru autrefois !... C'est seulement à cause de cela que mon maître m'a choisi pour assassiner le comte !

— Mais le comte de L***, où l'as-tu vu ? Comment espérais-tu le reconnaître ?

— J'ai vu M. le comte de L***, il y a peu de temps de cela, à Saint-Flour...

— Le comte de L*** à Saint-Flour ! tu te trompes.

— Oh ! non, monseigneur, je ne me trompe pas. Le comte est venu à Saint-Flour. Il a essayé de pénétrer chez mon maître, a été découvert, poursuivi, et a reçu dans sa fuite, que je ne puis m'expliquer, tant elle tient du miracle, ce coup de fusil dont il souffre encore aujourd'hui.

— Cet homme dit vrai, monseigneur, je connais les détails de l'imprudence commise par M. le comte, interrompit le vieux curé, qui avait gardé le jeune homme pendant sa maladie, et avec qui j'avais fait connaissance la veille.

— Et combien ton maître, continua l'évêque en s'adressant de nouveau à l'assassin, et combien ton maître t'a-t-il payé pour l'accomplissement de ta mission de sang?

— Mon maître, monseigneur, m'a donné trois écus en argent.

— Trois écus! Quoi! c'est pour une si faible somme que tu as consenti à commettre un crime aussi lâche et aussi odieux.

— Que voulez-vous, monseigneur, mon maître, le citoyen Durand, est, je vous le répète, président du district. Rien de plus facile pour lui que de me faire guillotiner, si je m'étais refusé à lui obéir, d'autant plus que j'ai été dans le temps employé au château de notre ex-seigneur!...

— Ainsi ton maître t'avait menacé, si tu te refusais à assassiner le comte de L***, de te livrer au bourreau ?

— Oui, monseigneur, il me l'avait promis.

— Tu n'essayes pas de nous tromper ?

— Oh! non, monseigneur, je prends Dieu à témoin de la sincérité de mes paroles ! s'écria le faux berger avec un ton de franchise qu'il était impossible de mettre en doute. Au reste, quoique ne vivant pas parmi les habitants des villes, vous ne devez pas être tellement étranger, monseigneur, aux événements qui se passent en France, à cette heure, que vous ignoriez que résister aux volontés des gens du pouvoir équivaut à un suicide! On nous dit, à nous autres pauvres gens du peuple : « Citoyen, obéis, ou l'on te guillotine ! » et ce que l'on dit on le fait !

— Je croyais, reprit l'évêque, que les nobles et les ecclésiastiques avaient le monopole exclusif de l'échafaud ?...

— Oh! nullement, monseigneur. Le couperet a abattu plus de têtes parmi le peuple que parmi la noblesse et le clergé. Qu'un homme puissant aime votre femme, désire votre maison, ou vous garde rancune d'une vieille querelle des temps passés, vite, il vous fait arrêter d'abord, puis, peu après, condamner comme suspect, et c'en est fait de vous!... Je vous assure bien que, si je n'avais pas craint la vengeance de mon maître, j'aurais refusé de me charger d'assassiner M. le comte de L***; mais je savais que résister à son ordre c'était me perdre, et j'ai dû obéir...

Le langage simple et vrai de l'assassin avait, je ne tardai pas à le remarquer, produit une assez vive impression sur les chanoines. Aussi, lorsque l'évêque, se retournant de leur côté, leur demanda :

— Que faut-il faire de cet homme ?

Personne ne répondit d'abord à cette question, qui touchait cependant de si près à la sécurité de tous les proscrits.

XI

Après un moment de silence, et voyant que personne ne prenait la parole, l'évêque répéta de nouveau sa question :

— Que faut-il faire de cet homme ?

— Monseigneur, répondit enfin le chanoine le plus âgé de tous ceux qui étaient présents, nous avons la plus grande confiance dans votre sagesse. Prononcez vous-même sur le sort de l'assassin ; nous accepterons votre décision avec l'obéissance et le respect que nous vous devons.

Cette réponse sembla embarrasser assez le vénérable prélat.

— Messieurs, dit-il, je refuse cette obéissance passive que vous voulez bien m'accorder! La mesure que vous me chargez de prendre est trop grave, et touche de trop près au salut commun, pour que je veuille en assumer la responsabilité. Selon moi, ce Nicolle envisage à présent avec horreur son crime, mais, malheureusement, j'ignore si son repentir est assez sincère pour lui donner la force de résister aux ordres de son maître, le citoyen Durand! Or Nicolle connaît, il vient de nous l'avouer lui-même, les retraites les plus cachées et les plus secrètes de la forêt qui nous sert de refuge! que l'intimidation ou la cupidité ait encore prise sur lui, une fois que nous lui aurons rendu sa liberté, et c'en est fait de nous; notre sort est entre ses mains !...

Ces raisons, que chacun sentait instinctivement et que l'évêque venait de formuler pour tous, assombrirent les visages des assistants et firent pâlir le misérable Nicolle.

— Monseigneur, dit un des chanoines, quelle sera, selon vous, la conduite que tiendra cet homme si nous le laissons partir en toute impunité?

— Une fois retombé sous l'intimidation et rentré dans le monde révolutionnaire, cet homme aura honte de l'attendrissement momentané que lui aura causé notre pardon, et il redeviendra notre ennemi, répondit tristement l'évêque.

— Alors, s'écria le chanoine, il ne faut pas que ce Nicolle sorte de la forêt. Dieu nous pardonnera le sang versé en faveur de notre propre conservation; car il s'agit ici d'un cas de légitime défense; n'est-ce pas aussi là votre opinion, monseigneur ?

— J'ai déjà eu l'honneur de vous dire, messieurs, répondit l'évêque, que je ne voulais peser en rien sur votre décision. Quant à mon opinion personnelle, puisque vous me la demandez, et je vous supplie de ne pas y conformer la vôtre par déférence pour moi, je trouve qu'il vaut mieux cent fois s'exposer à la trahison et à la mort que de verser le sang d'un traître qui se repent peut-être. Ma conviction, je vous le répète, est que ce Nicolle abusera de sa liberté pour nous perdre, mais enfin je puis me tromper ; or, dans le doute, ne vaut-il pas mieux risquer sa vie que de se rendre coupable d'un meurtre inutile ?

— Oui, monseigneur, vous avez raison, s'écrièrent plusieurs chanoines. Relâchons cet homme, et si notre clémence doit nous conduire à l'échafaud, eh bien, nos cœurs sont purs, et nous saurons envisager la mort sans faiblesse !

Pendant la courte discussion que je viens de rapporter, je n'avais pas quitté une seule minute du regard l'assassin du comte de L***. Selon que l'évêque parlait contre lui ou en sa faveur, je le vis changer de visage, et je compris à l'expression hypocrite et fausse de sa physionomie que le vénérable prélat ne se trompait pas en le jugeant capable d'une nouvelle trahison. Aussi ne pus-je m'empêcher de ressentir, malgré mon admiration pour la sublime clémence de ces malheureux proscrits, une vive émotion et un profond dépit en les voyant sur le point de rendre la liberté à un misérable qui, — pour moi cela ne faisait pas un doute, — devait les livrer tôt ou tard au bourreau.

J'allais exprimer cette opinion avec énergie, lorsque M. de La Rouvrette m'en empêcha, en prenant lui-même la parole :

— Messieurs, s'écria-t-il, si vous me portez un peu d'estime et d'amitié, si vous n'avez pas perdu tout souvenir des services que j'ai été assez heureux pour pouvoir vous rendre, écoutez-moi, je vous en conjure, avant de prendre une détermination définitive.

— Parlez, mon cher monsieur de La Rouvrette, lui dit l'évêque ; nous vous regardons comme notre frère et notre bienfaiteur, et nous avons la plus grande confiance dans votre sagesse et dans votre expérience !

— Mes chers amis, reprit mon hôte en s'inclinant profondément devant le vénérable évêque, je savais d'avance que vous seriez tous d'accord, au dernier moment, pour absoudre cet assassin, au prix même de votre sang! J'aurais été un athée jusqu'à ce jour, que votre sublime abnégation suffirait pour me rappeler à de meilleurs sentiments. La religion seule peut donner à d'innocentes victimes l'idée et la force de se livrer à leurs cruels et implacables persécuteurs, plutôt que de sévir contre un de leurs bourreaux. Je vous admire, mais je ne vous approuve pas.

— Mon frère, dit doucement l'évêque en interrompant le vieux gentilhomme, nous vous remercions de l'intérêt que vous voulez bien nous porter; mais je crois que vos paroles, bonnes tout au plus à prolonger les angoisses de Nicolle, ne pourront rien sur notre résolution. Ne vaut-il pas mieux laisser partir de suite cet homme que de le tenir ainsi suspendu entre l'espérance et la crainte, entre la vie et la mort?

— Je vous assure, monseigneur, que ce Nicolle ne partira pas, reprit M. de La Rouvrette avec un redoublement d'énergie. Je n'ai que peu de mots à dire, veuillez m'écouter, je vous prie. Que pour ne pas verser le sang d'un lâche assassin, vous consentiez à porter votre tête sur l'échafaud, c'est votre droit; mais pouvez-vous aussi disposer, sans leur volonté, de vos compagnons d'infortune? Ce Nicolle en vous trahissant les trahit également, et votre perte entraîne la leur! Mon opinion, basée sur la plus stricte justice, est qu'avant de prononcer sur le sort de cet homme, vous devez consulter les proscrits des autres stations ;

Un court silence, pendant lequel je vis Nicolle pâlir affreusement, suivit les paroles de M. de La Rouvrette.

— Mon cher monsieur, dit enfin l'évêque en s'adressant à mon hôte, vous avez raison; nous devons consulter nos frères.

— Ma foi, monseigneur, vous n'aurez pas longtemps à attendre, s'écria M. de La Rouvrette; je les ai fait avertir, et, si je ne me trompe, les voici qui arrivent.

En effet, à peine ces paroles étaient-elles prononcées, qu'une quinzaine de paysans se montrèrent à quelques pas de nous. C'était la station des gentilshommes qui se rendaient à l'appel de M. de La Rouvrette.

Cinq minutes suffirent pour mettre les nouveaux venus au courant de l'affaire. Nicolle comprit, aux exclamations de colère qui partirent des gentilshommes pendant que M. de La Rouvrette leur racontait le crime odieux dont il s'était rendu coupable, qu'il était perdu, et il s'évanouit. En effet, la délibération ne fut pas de longue durée : à l'unanimité on prononça contre le meurtrier la peine de mort.

En vain les ecclésiastiques demandèrent sa grâce, en vain ils parlèrent de clémence et de pardon; les gentilshommes de la station voisine restèrent inflexibles; je m'avouai en moi-même qu'ils avaient parfaitement raison, et qu'à leur place j'agirais comme eux. Toutefois, afin d'épargner à l'évêque et aux chanoines la vue de la scène de sang qui allait se passer, les nouveaux venus attendirent leur départ pour procéder à la punition du coupable.

Déjà quatre ou cinq gentilshommes armaient leurs fusils, lorsque le jeune comte de L*** apparut, pâle et chancelant, au milieu de nous.

— Mes amis, dit-il, laissez-moi, je vous en prie, interroger cet homme.

Le comte de L***, sans attendre de réponse, se précipita aussitôt vers Nicolle, qui reprenait ses sens, et, le secouant rudement :

— Est-il vrai, lui demanda-t-il d'une voix altérée, que mademoiselle Laure ait épousé le citoyen Durand, l'ex-charron, et actuellement président ou administrateur du district? Prends garde de vouloir me tromper !

— C'est vrai, répondit Nicolle. Quant à vous tromper, quel avantage en retirerais-je? Je vois bien que mon sort est irrévocablement fixé. Je n'ai plus rien à craindre ni à attendre sur la terre.

— Un homme fusillé tombe comme s'il était frappé par la foudre, presque sans souffrir, reprit le jeune comte de L*** d'une voix sombre, tandis que celui que l'on accroche par les pieds et qu'on laisse mourir de faim subit une torture dont la durée et l'atrocité épouvantent la pensée ! Prends garde, je te le répète, le sort de cet homme sera le tien, si tu ne réponds pas avec la plus entière franchise à mes questions.

— Parlez, monsieur le comte, répondit Nicolle en laissant tomber avec accablement sa tête sur sa poitrine.

— Tu prétends que mademoiselle Laure est mariée, reprit le comte, et comme si ces paroles lui coûtaient un grand effort; soit, je le crois. A-t-elle l'air d'être heureuse? sourit-elle à son époux? semble-t-elle satisfaite de son sort? Voilà ce que je veux savoir.

— Je n'ai jamais vu sourire la citoyenne Durand, répondit Nicolle, mais je l'ai souvent surprise essuyant ses larmes! Quoique, depuis un mois qu'elle est mariée, je ne l'aie guère perdue de vue, je ne me rappelle pas l'avoir entendue prononcer dix paroles. Aux questions que lui adresse son mari, elle répond par un simple signe de tête; aux menaces qu'il lui fait, par la résignation et le silence!

— Ah! le citoyen Durand menace sa femme! interrompit le jeune comte de L***, d'une voix que la fureur rendait presque inintelligible.

— Il fait plus que de la menacer, il se jette parfois sur elle avec une rage de fou furieux et la foule à ses pieds.

En entendant cette réponse, le comte de L*** fut pris d'un tel tremblement nerveux, qu'il dut s'appuyer contre un arbre pour ne pas tomber. Toutefois, reprenant bientôt, par un suprême effort de volonté, son empire sur lui-même, il continua l'interrogatoire du condamné.

— A quelle heure la citoyenne Durand se trouve-t-elle le plus ordinairement chez elle? demanda-t-il en terminant.

— De huit à neuf heures du soir, lorsque son mari ne la contraint pas à aller au club.

— C'est bien ! je sais tout ce que je voulais savoir. Mes-

sieurs, je vous remercie de votre complaisance, ajouta le jeune homme en s'adressant à ses compagnons d'infortune, vous pouvez à présent fusiller cet homme.

Nicolle, en entendant ces derniers mots, tomba à genoux devant nous et nous demanda grâce.

— Mon garçon, lui répondit un des proscrits, tes supplications parfaitement hors de propos ne servent qu'à prolonger ton agonie. Rien ne peut te sauver.

— Quoi ! mes bons messieurs, mon repentir, mes aveux...

— Allons, à genoux, reprit le proscrit; voilà déjà trop de paroles.

— Eh bien, puisque je dois mourir, s'écria Nicolle, j'aime mieux au moins que ce soit en honnête homme qu'en bandit. Messieurs, je vous en conjure au nom du ciel, accordez-moi un prêtre pour recevoir ma confession dernière.

A cette demande imprévue, les proscrits se consultèrent entre eux du regard.

— C'est trop juste, dit enfin celui qui déjà avait pris la parole; on va aller chercher un prêtre.

Un quart d'heure plus tard le vénérable curé, mon ami de la veille, agenouillé auprès du condamné, recevait sa confession.

— Messieurs, nous dit Nicolle d'une voix ferme, lorsqu'il eut reçu l'absolution, je reconnais que j'ai mérité la mort que vous allez m'infliger; que je suis indigne de votre pardon. Et, tenez, tout à l'heure, en vous promettant que, si on me rendait la liberté, je garderais religieusement le secret de votre retraite, je savais bien, en moi-même, que cela ne me serait pas possible; que, tôt ou tard, mon maître me forcerait à parler, et que, pour éviter l'échafaud, je serais forcé de vous sacrifier tous.

L'infortuné se leva alors avec peine de dessus le tas de feuilles où il était couché, car le sang qu'il avait perdu depuis la veille l'avait fort affaibli, et s'adressant aux proscrits :

— Où faut-il vous suivre, messieurs? leur demanda-t-il.

— Mais nous n'avons pas besoin de changer de place, nous sommes très-bien ici, lui répondit-on.

Puis, presque au même instant, cinq ou six détonations retentirent, et l'assassin tomba mortellement frappé.

— Monsieur, me dit alors le jeune comte de L*** en me prenant par le bras, hier vous avez bien voulu m'offrir vos services, que j'ai acceptés : êtes-vous toujours dans les mêmes dispositions à mon égard ?

— Je n'ai qu'une parole, monsieur le comte. Aujourd'hui, comme hier, je suis à vos ordres. Permettez-moi même d'ajouter que l'état déplorable dans lequel vous êtes ne fait qu'augmenter encore le désir que j'ai éprouvé, en vous voyant pour la première fois, de vous être utile. Parlez, que puis-je pour vous ?

— Vous pouvez me prêter votre feuille de route et me mettre ainsi à même de pénétrer et de rester quelque temps à Saint-Flour, sans être remarqué et poursuivi.

— Ah! diable! vous prêter ma feuille de route! Mais c'est à peu près comme si vous me demandiez de vous prêter ma tête... Enfin, n'importe, j'ai promis, je tiendrai. Toutefois, avant de me rendre à votre désir, permettez-moi de vous imposer une condition, c'est qu'avant de vous mettre en route, vous prendrez encore quelques jours de repos.

— J'y consens, me répondit-il. J'ai, en effet, besoin de toutes mes forces et de toute mon énergie pour l'accomplissement du projet que je médite.

— Eh bien ! alors, appuyez-vous sur mon bras et suivez-moi au campement.

Le jeune homme, pendant le trajet, m'avoua, ce qu'il ne m'avait certes pas été difficile de deviner, que son cœur était déchiré par un affreux chagrin.

— Si je vous contais mon histoire, me dit-il en terminant, vous rejetteriez avec horreur cet uniforme de la République que vous portez! Ah! monsieur, je ne sais de quel nom l'histoire flétrira, plus tard, notre triste époque de boue et de sang.

— Il est incontestable, lui répondis-je, que l'an II de la République est un de ces moments de monstrueux délire qui épouvantent et confondent les esprits ; mais vous auriez tort d'attribuer à la République les crimes et les horreurs qui déshonorent la France. La République est, certes, le meilleur de tous les gouvernements...

— Oui, si tous les hommes étaient bons et vertueux, interrompit le comte de L*** avec feu. Mais alors, et dans ce cas, nous n'aurions pas même besoin de gouvernement. Ce que je hais dans votre République, c'est qu'elle ne laisse arriver que les ambitieux éhontés et les coquins. Voyez les hommes que l'on désigne sous le nom de fédéralistes et qui sont certes les seuls honnêtes, probes et intelligents de votre parti : quel est leur sort ? d'être traqués comme des bêtes fauves et égorgés, au nom de la liberté, par les tigres à face humaine qui se nomment Robespierre et Marat !

Comme il n'y avait guère à répondre à cela, je me hâtai, pour détourner cette conversation, de parler de Saint-Flour.

— Ah ! monsieur, je vous en conjure, ne prononcez jamais ce nom devant moi, me dit vivement le jeune homme, c'est me retourner le poignard dans le cœur !

— Il paraît que le mariage de mademoiselle Laure vous contrarie vivement ? continuai-je avec une certaine méchanceté, pour prendre ma revanche des vérités que j'avais été obligé d'entendre sur la République.

— Mademoiselle Laure est ma cousine germaine, me dit le comte de L*** avec dignité.

— Quoi ! m'écriai-je, est-il possible qu'une de vos parentes ait épousé, monsieur le comte, un ex-charron, actuellement président d'un district ?

— Oui, monsieur, cela est, me répondit le jeune homme d'une voix sèche et en retirant son bras passé sous le mien.

— Après tout, si votre cousine est républicaine ?

— Ma cousine, monsieur, est, au contraire, une des victimes les plus à plaindre, et Dieu sait si elles sont nombreuses, de cette monstrueuse République que vous affectez d'aimer, parce que vous avez honte d'avouer que vous vous êtes trompé jusqu'à ce jour. Si vous désirez connaître les malheurs de ma bien-aimée Laure, je suis prêt à satisfaire votre curiosité ; seulement, je vous prierai de ne plus prononcer son nom qu'avec le respect dont elle est digne, et de ne plus le prendre pour texte de plaisanteries un peu hasardées, surtout devant un blessé qui n'est pas en état de vous répondre.

A ce reproche plein de fermeté et de douceur tout à la fois, que je sentais mériter, le rouge me monta au visage.

— Monsieur, dis-je au jeune homme, je conviens que j'ai usé d'une certaine familiarité, peut-être déplacée, en parlant de mademoiselle Laure ! Je croyais qu'il ne s'agissait que d'une simple amourette, et non d'une passion sérieuse. Veuillez, je vous prie, me pardonner le mal que j'ai pu vous faire aussi involontairement.

Le comte de L***, au lieu de me répondre, passa de nouveau son bras sous le mien, en s'appuyant sur moi pour soutenir sa faiblesse.

— Monsieur, me dit-il quelques instants après, il ne s'agit ni d'une amourette, ni d'une passion sérieuse, mais bien d'un de ces crimes odieux et sans nom, comme les révolutionnaires triomphants savent seuls les concevoir et osent seuls les commettre.

— Si cela ne vous fatigue pas trop de parler, je réclamerai de vous le récit de ce crime, dis-je au comte de L***.

— Oh ! parler de Laure ne peut que me faire du bien, me répondit-il avec exaltation. Mon cœur est tellement plein de vengeance et d'amour, que trouver un homme honnête et sensible, à qui je puisse confier sans crainte mes malheurs et mes espérances, est un grand bonheur pour moi.

— Je suis honnête et sensible ; parlez, je vous écoute.

— Ma cousine Laure, la fille unique du frère aîné de mon père, ne doit pas avoir encore atteint sa dix-septième année, reprit le comte de L***. Lorsque je la quittai, il y a environ un an, pour rejoindre l'armée des princes, elle était déjà d'une beauté accomplie. Je passerai sous silence les serments

et les pleurs que nous échangeâmes à notre séparation, notre désespoir, nos projets d'avenir, car nous étions fiancés ma cousine et moi, nous devions nous marier sous peu...

— Mais, dis-je en interrompant le jeune homme, pourquoi mademoiselle votre cousine ne suivait-elle pas votre exemple ? Il me semble qu'elle eût mieux fait d'émigrer avec son père que de rester exposée en France à toutes les fureurs de la révolution.

— Plût à Dieu que Laure eût émigré, comme c'était d'abord son intention : je ne serais pas aujourd'hui le plus misérable des hommes, et mon avenir ne m'offrirait plus que honte et désespoir ! me répondit le comte de L***. Mais, hélas ! une grave maladie qui atteignit mon oncle, le marquis de L***, au moment où il allait passer à l'étranger, contraignit ma cousine à demeurer en France.

— Mais vous, monsieur le comte, pourquoi n'êtes vous pas resté auprès d'elle?

— Hélas! vous oubliez, monsieur, l'aveuglement insensé qu'éprouva alors la noblesse entière. Nous ne croyions pas à une révolution ; nous nous figurions que la bourgeoisie et le peuple, ne pouvant se passer de nos capitaux, nous supplieraient bientôt de revenir et nous porteraient en triomphe dans nos châteaux, après nous avoir fait amende honorable du passé ! Les esprits les plus pessimistes admettaient bien, comme une chose possible, quoique peu probable, que la nation nous garderait rancune et ne viendrait pas la première à nous ; mais, en revanche, ils ne doutaient pas un seul instant, que du jour où nous voudrions nous donner la peine de repasser la frontière, à la tête d'une dizaine de régiments étrangers, toutes les portes s'ouvriraient devant nous, et que nous rentrerions sans coup férir à Paris. A force d'entendre répéter ces propos, je finis par y croire fermement, et je n'hésitai pas à quitter ma cousine, pour me rendre là où m'appelait le devoir. Ah ! quelle terrible leçon nous avons reçue. Puissent cet exemple et ce souvenir servir plus tard aux honnêtes gens, et leur apprendre que, devant une société menacée par les plus mauvaises passions de gens sans aveu et sans foi qui rêvent le meurtre et le pillage, les bons citoyens, au lieu de se diviser ou de fuir, doivent serrer leurs rangs et se rallier dans une pensée de salut commun.

Si la noblesse, faisant des concessions devenues nécessaires, et la bourgeoisie, abandonnant des prétentions exorbitantes, se fussent entendues, elles seraient facilement venues à bout des quelques misérables ambitieux qui, grâce à cette division, se sont emparés de ses richesses et ont versé le plus pur de son sang. Mais je reviens à mon récit. Dans la petite ville de Saint-Flour vivait à cette époque un nommé Durand, homme d'une conduite déplorable, flétri par de fâcheux antécédents, et dont la violence était redoutée de tous ses voisins.

Ce Durand, et croyez, monsieur, que cet aveu m'est pénible à faire, ce Durand, dis-je, qui avait eu l'occasion d'apercevoir plusieurs fois ma cousine, devint éperdûment amoureux d'elle. Vous comprendrez sans peine ce que peut être chez un homme semblable le sentiment qu'à défaut d'une autre expression pour le qualifier, je désigne par le nom d'amour : une passion brutale et sauvage.

J'étais à peine parti depuis deux mois, lorsque je reçus une lettre de ma cousine, qui m'apprenait les persécutions dont cet homme l'accablait. Je crus à cette lecture que je deviendrais fou de honte et de rage, et je résolus de courir, sans perdre une minute, au secours de Laure.

Malheureusement, poursuivi et traqué dès mon entrée en France, je dus me cacher, car ma vie était nécessaire à ma cousine, et je ne pus arriver à Saint-Flour. Un émissaire adroit, à qui je donnai tout l'or que je possédais, et qui parvint jusqu'à ma cousine, m'apprit à son retour que cet infâme Durand, profitant de la terreur qu'il inspirait pour se lancer avec succès dans la vie politique, venait d'être nommé administrateur du district, et avait fait arrêter le marquis de L***, mon oncle, le père de ma bien-aimée. Deux lignes, écrites à la hâte par ma cousine, me confirmèrent ces tristes nouvelles : « Je me dois à mon père, me disait-elle, ce n'est qu'après l'avoir sauvé que j'aurai le droit de mourir. »

Il n'y avait pas à hésiter : mon parti fut bientôt pris. Abandonnant l'abri que m'offrait cette forêt où nous nous trouvons en ce moment, je me rendis sans perdre une minute au château de mon oncle, qui est situé à environ un quart de lieue de Saint-Flour. Hélas ! je ne trouvai que des ruines ! Le feu, le pillage et le meurtre s'étaient abattus à la fois sur cette antique demeure de ma famille et l'avaient complètement saccagée au nom de l'égalité et de la fraternité.

Rendu insensible par la douleur au danger, et ne considérant plus la mort que comme un doux repos, je pénétrai alors hardiment à Saint-Flour même.

Restait à savoir où demeurait ma cousine, car, dans la lettre non signée que j'avais reçue d'elle, elle ne me donnait pas son adresse de peur de compromettre son père, si cette lettre venait à être interceptée. Avec cette suprême imprudence que donne le mépris de la mort, je m'adressai à la première personne que je rencontrai ; le bonheur voulut que ce fût un honnête homme.

Il m'apprit que ma cousine demeurait chez le citoyen Durand, l'ex-charron, le président actuel du district, et le patriote par excellence de Saint-Flour.

Je vous avouerai que cette nouvelle me parut tellement invraisemblable, si monstrueuse, que je me refusai d'abord à y croire, d'autant plus que mon donneur de nouvelles ajoutait que le père de Laure se trouvait toujours en prison. Or, comment supposer qu'une jeune fille douée d'une exquise délicatesse, de grande famille, possédant une âme élevée, pût être tombée tout à coup à ce profond degré d'abjection ! cela n'était pas admissible !

Toutefois, la révolution a donné lieu à de telles monstruosités, l'homme qui me renseignait semblait tellement certain de ce qu'il avançait, que je résolus de me rendre sans plus tarder chez le citoyen Durand.

Il faisait presque nuit lorsque j'arrivai à la maison habitée par le président du district. Le cœur me battait avec violence, et ce ne fut pas sans une émotion extrême que je laissai tomber le marteau de la porte.

Jugez de mon désespoir et de ma rage, lorsque j'aperçus ma cousine Laure dans la première pièce où j'entrai.

— Vous ici, ma cousine ! m'écriai-je ; puis je me tus, car mon cœur était tellement gonflé que je ne pouvais parler.

Laure, pâle comme une morte, me regardait avec des yeux fixes et hagards, sans me répondre : elle semblait ne me voir ni ne m'entendre, lorsque, poussant tout à coup un cri déchirant, elle tomba lourdement par terre.

Me précipiter à son secours, la relever, l'accabler de protestations d'amitié et de tendresse, fut pour moi l'affaire d'une seconde.

Déjà je voyais le sang remonter à son visage, déjà je sentais son cœur battre, quand la porte s'ouvrit et qu'un homme, d'une figure ignoble et vêtu d'une carmagnole, entra dans la chambre en proférant d'affreux blasphèmes ; cet homme était le citoyen Durand.

Je ne puis vous exprimer la colère immense qui s'empara de moi à la vue du scélérat : quant à ma cousine Laure, jamais je n'oublierai le regard indicible et chargé de haine, de fureur et de dégoût par lequel elle accueillit son arrivée.

Un moment troublée par ma présence, à laquelle il était loin de s'attendre, le citoyen Durand ne tarda pas néanmoins à reprendre bientôt tout son sang-froid ou, pour être plus exact, toute son impudence.

— Il paraît, citoyenne, dit-il en s'adressant à Laure, et en ricanant, que tu ne vaux guère mieux que tes semblables, les autres aristocrates ! Quoi ! à la veille de m'épouser, tu reçois ainsi, pendant mon absence, les jeunes galants qui viennent te conter fleurette ! Tu chasses de race, à ce que je vois. Allons, je veux bien te pardonner pour cette fois, en considération de l'amour que je sais que tu me portes ; seulement, sois plus circonspecte à l'avenir, et n'oublie pas que l'honneur d'être l'épouse légitime d'un bon patriote impose à la femme qui en a été jugée digne de sérieuses obligations, de graves devoirs. Retire-toi.

Le citoyen Durand se retourna alors de mon côté, et me toisant des pieds à la tête d'un regard impertinent :

— Quant à toi, beau damoiseau, continua-t-il en se tournant lentement vers moi, il est inutile que tu essaies de fuir ; je ne t'ai jamais vu, et cependant je te reconnais à la haine que tu m'inspires : tu es le ci-devant comte de L***. Au nom de la République, qui t'a mis hors la loi, je t'arrête !

— Vous vous étonnerez peut-être, mon cher monsieur, de ce que j'aie pu laisser ce misérable Durand parler si longtemps sans lui sauter à la gorge ou sans le fouler à mes pieds ! Hélas ! je rougis en vous faisant cet humiliant aveu ; mais je ne dois pas vous cacher qu'en l'entendant tutoyer Laure et lui dire qu'il lui pardonnait, en considération de l'amour qu'elle lui portait, la jalousie m'avait mordu au cœur.

Ce ne fut qu'en entendant le cri déchirant que poussa ma cousine, lorsque Durand me déclara que j'étais son prisonnier, que je revins de mes injustes et monstrueux soupçons. Ma pensée se tourna aussitôt vers la vengeance.

— Infâme scélérat ! dis-je à Durand qui se dirigeait vers la porte de sortie, probablement pour aller chercher mainforte, si tu fais un pas de plus je te brûle la cervelle !

En parlant ainsi, je retirai de mes poches une paire de pistolets à double canon, dont je m'étais pourvu, et mettant en joue le président du district qui pâlit affreusement : « A genoux, continuai-je, à genoux devant mademoiselle de L***, et demande-lui, avant de mourir, pardon de tes outrages. »

Le scélérat, incapable de prononcer une parole, n'hésita pas à obéir ; il tomba à genoux.

— Laure, continuai-je en m'adressant à ma pauvre cousine, éloignez-vous, je vous en prie, un moment.

— Pourquoi cela, mon cousin ? me demanda-t-elle d'une voix tellement brisée, que je devinai plutôt sa phrase que je ne l'entendis.

— Pour que je puisse faire justice de cet homme à mon aise.

Laure fit alors deux pas dans la direction de la porte, s'arrêta un moment indécise, puis revenant vers moi :

— Mon cousin, me dit-elle les yeux baissés et comme écrasée par la honte, si l'affection que vous m'avez portée jadis n'est pas tout à fait éteinte aujourd'hui dans votre cœur, respectez la vie du citoyen Durand, que j'aime, et qui doit être bientôt mon époux.

— Est-il possible que votre cousine, que vous m'avez présentée au commencement de votre récit comme une jeune personne accomplie, ait pu vous tenir un pareil langage ? dis-je au comte de L*** en l'interrompant.

— Cette réponse me causa une impression trop profonde pour que je ne l'aie pas conservée textuelle dans ma mémoire, me répondit-il ; je crois l'entendre encore, en vous la répétant, retentir à mes oreilles. Au reste, ne vous hâtez pas de condamner Laure !

Pauvre et sublime enfant ! combien je fus cruel et injuste envers elle, lorsque, rendu fou par la douleur, je lui répondis en la saluant profondément :

— « Citoyenne, je vois que vous avez su mettre à profit les loisirs que l'incarcération de votre père et mon absence vous ont faits, pour vous lancer à corps perdu dans les sentiers fleuris du plaisir ! Je ne saurais trop vous complimenter aussi sur le tact exquis et sur le goût délicat dont vous avez fait preuve en choisissant le citoyen Durand pour votre chevalier !

« A présent que je vois se dérouler devant vous un avenir resplendissant d'amour, que vous n'avez plus besoin de mon dévouement, que vous avez un homme digne en tous points de vous comprendre et d'assurer votre bonheur, je n'ai plus rien qui me retienne en France, et je retourne à l'armée des princes. Adieu ! »

Ce qui m'arrivait était si en dehors des choses probables ou possibles, et m'avait tellement bouleversé l'esprit, que je ne songeai même pas à attendre les explications de ma cousine ; je m'éloignai sans retourner la tête, sans penser que j'étais hors la loi et que derrière moi je laissais un ennemi impitoyable, le citoyen Durand.

Absorbé par la douleur, je traversais lentement la ville quand des cris, ou, pour être plus exact, des hurlements furieux, me firent tourner la tête. A cinq cents pas derrière moi, j'aperçus une meute affamée de sans-culottes et de révolutionnaires qui me poursuivaient.

Je me sentais si malheureux, j'éprouvais un tel dégoût de la vie, que ce spectacle, loin de m'épouvanter, me causa presque un mouvement de joie ; car il m'annonçait la fin de mes souffrances.

Je continuais donc d'avancer sans hâter le pas, lorsqu'une pensée, qui dans mon accablement et mon trouble ne s'était pas encore présentée à mon esprit, vint me rattacher à la vie : je songeais à la vengeance.

Mourir en laissant Durand l'heureux époux de Laure ! Jamais ! L'infâme président du district devait tomber sous mes coups !

La nature m'a doué d'une force et d'une agilité peu communes ; je suis d'un tempérament emporté et nerveux, et je ne crois pas manquer de courage. Vous comprendrez comment, grâce à ces avantages, je pus échapper, sinon sain et sauf, du moins vivant, à la poursuite acharnée que j'eus à subir. Une seule balle m'atteignit dans la lutte : c'est de cette blessure que je souffre encore aujourd'hui. Telle est, mon cher monsieur, ajouta le comte de L***, en terminant son récit, ma lamentable histoire !

— Pour être aussi jeune que vous l'êtes, vous avez déjà bien souffert, lui dis-je après un moment de silence et en serrant ses mains dans les miennes. Je conçois que la trahison de votre cousine vous ait déchiré le cœur. Seulement, ce que je ne comprends pas, c'est que vous puissiez encore songer à elle, et que vous l'appeliez une « pauvre et sublime enfant. » Je vous avouerai que rien, dans la conduite abominable qu'elle a tenue à votre égard, ne me semble motiver cette admiration de votre part !

— L'isolement et le recueillement sont presque toujours d'excellents conseillers, me répondit d'une voix mélancolique le comte de L*** ; j'ai réfléchi froidement, pendant les longues heures d'oisiveté forcée et de silence que ma maladie m'a faites, aux événements que je vous ai racontés, et j'en suis arrivé à la conviction profonde que ma pauvre cousine, en affectant de répondre à la hideuse tendresse de ce Durand, subissait un long et épouvantable martyre, et se dévouait au salut de son père ! Comment expliquer autrement, que par cette abnégation sublime, un tel rapprochement ! Et puis Laure ne m'a-t-elle pas écrit ; « Qu'elle n'aurait le droit de mourir qu'après avoir sauvé son père ! »

— Ah ! vous avez raison, m'écriai-je avec une douloureuse pitié ; je comprends tout ! Cette pauvre demoiselle accomplit obscurément une action qui l'emporte en héroïsme sur bien des faits que l'histoire enregistre pompeusement dans ses pages ! Ah ! s'il était donné aux hommes de connaître et d'écrire les dévouements sublimes et surhumains auxquels donne lieu, chaque jour, la hideuse et implacable férocité des tigres qui ensanglantent notre malheureux pays, en voyant tant de courage et tant de vertus, on ne désespérerait plus du sort de la France ! Mais à quoi bon essayer de vous consoler ? La blessure dont vous souffrez est trop profonde et trop vive pour que des paroles puissent la fermer. Occupons-nous plutôt de moyens à employer pour sauver votre oncle de l'échafaud, et arracher votre cousine des mains de cet abominable Durand. Inutile d'ajouter que vous trouverez en moi un allié dévoué et sincère. Voyons, parlez, quels sont vos projets et vos espérances ? Pourquoi m'avez-vous demandé de vous prêter ma feuille de route ? Que ferez-vous une fois rendu à Saint-Flour ?

— Mes projets sont bien simples, me répondit le jeune homme ; je possède en ce moment près de deux cents louis que j'ai reçus d'un de mes amis passé à l'étranger ; avec cet or, il me sera facile, au moins je l'espère, de corrompre un des geôliers de la maison de détention, et de faire évader mon oncle. Une fois ce résultat obtenu, j'enlève Laure, et je la conduis avec son père dans nos forêts, où nous attendrons, à l'abri de toute persécution, un moment propice pour passer la frontière. Votre feuille de route, en me permettant de rester librement à Saint-Flour, doit me faciliter beaucoup l'accomplissement de ce projet.

— Et une fois que vous aurez atteint une terre hospitalière ?... demandai-je au jeune homme en hésitant et sans oser formuler ma pensée tout entière.

— J'épouserai Laure, me répondit-il. Oh ! je comprends ce que vous n'osez dire dans la crainte de me déchirer le cœur, poursuivit-il avec vivacité. Et que m'importent les liens sacrilèges qui unissent cet ange à ce sanglant révolutionnaire. Je ne me souviendrai du passé de ma femme que pour admirer son dévouement filial et pour maudire ses bourreaux. Quant au reste, je me figurerai avoir fait un affreux rêve !

XII

Le comte de L*** achevait de prononcer ces paroles, lorsque nous atteignîmes le campement : un spectacle que je n'oublierai jamais, et dont le souvenir restera toujours vivant dans ma mémoire, frappa mes regards étonnés et attendris.

Au milieu de la plate-forme dont j'ai déjà parlé, plate-forme qui dominait la campagne et où les proscrits élevaient la nuit leur campement, l'évêque, revêtu de ses vêtements sacerdotaux, se préparait à célébrer la messe.

Rien de simple et de touchant à la fois comme ce tableau.

Un bloc de pierre, usé par le contact des siècles, servait d'autel ; aucune décoration, aucun objet d'art n'appelait le regard. Un calice de verre, une croix de bois teinte en noir avec du jus de mûre, deux petits chandeliers de fer, pieuse offrande, sans doute, d'une pauvre chaumière ; enfin, une de ces clochettes que l'on attache au col des vaches, servaient seuls au vénérable prélat.

Sur deux longs et grossiers bancs de bois mal équarris, placés à droite et à gauche de l'autel, les chanoines, revêtus de surplis, attendaient dans un recueillement profond la célébration du saint mystère.

A peine l'évêque se fut-il approché de l'autel, que le son d'une clochette retentit au loin, répercuté à l'infini par les échos d'alentour.

— Je n'avais pas encore remarqué l'existence de cet écho, dis-je à voix basse à mon jeune ami, le comte de L***. Ne craignez-vous pas que ce phénomène d'acoustique ne trahisse votre présence ici quelque jour ?

— Ce que vous prenez pour un écho, me répondit-il sur le même ton, est tout bonnement un signal, destiné à faire savoir aux pâtres des environs qu'ils peuvent assister par la pensée à la messe qui va être célébrée, et unir leurs prières aux nôtres. Dans un rayon de quatre lieues, autour de cette forêt, il y a en ce moment des fronts qui s'inclinent vers la terre et des cœurs qui s'élèvent vers Dieu.

Je renonce à rendre, avec la seule aide de ma plume, l'émotion nouvelle et inconnue, la douce tristesse, le sentiment d'extase qu'éveillèrent en moi les chants graves et imposants qui s'élevèrent bientôt au milieu du silence de la forêt ! Un rayon de soleil qui, tamisé, s'il m'est permis de me servir de cette expression, par les fourrés, les branches et les feuillages, tomba semblable à une fine pluie d'or sur le front calme et couvert de cheveux blancs de l'évêque qu'il ceignit, — singulier hasard, — d'une lumineuse auréole, me causa une illusion étrange ! Il me sembla que je vivais dans les temps primitifs de l'Eglise, que j'étais un de ces apôtres destinés au martyre, et je sentis surgir en mon cœur une aspiration vers le dévouement et le bien, que jamais encore je n'avais ressentie jusqu'à ce jour !

Je ne crois pas exagérer en avançant que l'impression que je reçus alors a dû influer sur le reste de ma vie : je lui dois incontestablement la plus grande partie du peu de bien que j'ai été assez heureux pour pouvoir faire.

Le surlendemain, mon excellent ami, M. de La Rouvrette, me proposa de nous remettre en route ; une plus longue absence pouvant, me dit-il, éveiller les soupçons sur son compte et nuire aux relations qu'il entretenait avec les proscrits.

— Ma foi, lui répondis-je, je vous avouerai que je regrette presque en ce moment de n'être pas poursuivi, afin de pouvoir rester plus longtemps dans cette forêt. Il me serait difficile de vous exprimer combien cette vie de grand air, de calme et de liberté, me plaît et me séduit !...

— Ah ! prenez garde, me répondit le vieux gentilhomme en souriant finement, voilà que, sans le vouloir, vous allez faire l'éloge de mes amis...

— Ce sont bien les gens les plus dignes, les plus instruits et les plus charmants que l'on puisse trouver...

— Fi donc ! vous oubliez que vous parlez d'infâmes aristocrates, de bandits mis hors la loi, de satellites de l'étranger ! Heureusement que les arbres sont sourds et muets, sans cela votre propos répété pourrait vous coûter la tête.

Après avoir pris congé des proscrits, je sortis de la forêt, en compagnie de M. de La Rouvrette. J'étais convenu auparavant, avec mon nouvel ami, le jeune comte de L***, que je l'attendrais le jour suivant, à la tombée de la nuit, aux portes de Saint-Flour. Je devais mettre à profit cette avance pour m'informer de mademoiselle Laure, du citoyen Durand, visiter la prison, et recueillir les renseignements nécessaires à la réussite de notre entreprise, de façon à ce que le comte restât le moins longtemps possible dans la ville.

Une fois que nous eûmes atteints, M. de La Rouvrette et moi, la plaine, nous nous séparâmes pour ne plus nous revoir. Le vieux et bon gentilhomme m'embrassa presque en pleurant, m'assura qu'avant deux mois je serais un royaliste pur sang, et finit en m'offrant généreusement la moitié de sa bourse, que j'eus toutes les peines du monde à ne pas accepter, tant il mit de ténacité à vouloir opérer ce partage.

Quoique ma connaissance avec M. de la Rouvrette ne datât que de quelques jours, ce ne fut pas cependant sans éprouver une certaine peine que je pris congé de lui.

Une fois seul, je me mis à descendre la côte qui mène à Chaudes-Aigues, où je n'arrivai qu'un peu avant la tombée de la nuit.

Un habitant que j'interrogeai m'indiqua l'auberge du *Tyran corrigé*, où j'arrivai, sur ses indications, deux minutes plus tard.

L'enseigne de cette auberge représentait un roi revêtu d'un manteau de pourpre, le front ceint d'une couronne, et qui, agenouillé devant le bourreau et la tête appuyée sur un billot, attendait la justice du peuple.

— J'étais tellement harassé de fatigue et il y avait si longtemps, depuis que je parcourais ces montagnes, que je n'avais passé une bonne nuit, que je dormis jusqu'au lendemain fort avant dans la matinée.

Aucun incident méritant d'être rapporté ne signala plus mon séjour à Chaudes-Aigues.

Pendant la route que j'eus à parcourir pour arriver à Saint-Flour, route parsemée de hautes bruyères et coupée par une montée extrêmement pénible, je songeai aux moyens à employer pour préparer la délivrance du marquis de L*** et l'enlèvement de la jeune Laure.

Lorsque le comte de L*** m'avait communiqué ses projets, j'étais tout à fait sous l'impression que son récit m'avait causée, et j'avais, naturellement, mû par le désir que je ressentais de les voir s'accomplir, trouvé ces projets fort simples. Mais, alors que, livré à moi-même, j'envisageais froidement toutes les difficultés que présentaient et l'évasion du marquis, et l'enlèvement de sa fille, je voyais surgir à chaque instant des impossibilités, et je me sentais presque découragé.

J'avais, on peut s'en souvenir, donné rendez-vous au jeune comte à la porte de Saint-Flour ; mon embarras fut donc grand lorsqu'en atteignant cette ville je m'aperçus qu'elle était séparée en deux parties, l'une située à la base et l'autre au sommet d'une hauteur, et qu'à proprement parler elle ne possédait pas de portes.

Je me résolus à attendre mon jeune ami à l'entrée du faubourg ; mais ne voulant pas non plus perdre un temps précieux, et conjecturant que L*** n'arriverait que le lendemain à la tombée de la nuit, je me décidai à aller voir ce Durand, la cause unique des malheurs de mes pauvres amoureux.

Mon prétexte fut bientôt trouvé : j'avais ma feuille de route à faire signer ; il était naturel que je m'adressasse au président du district.

La demeure occupée par le grand patriote Durand, jadis pauvre charron, et actuellement, c'est-à-dire depuis qu'il s'était dévoué au bonheur du peuple, devenu un riche propriétaire, était une des plus belles maisons de Saint-Flour.

J'avouerai qu'en entrant chez lui, le cœur me battit avec une certaine violence ; mon émotion, au lieu de se calmer, ne fit que s'accroître, lorsque j'aperçus, assise dans la première pièce où je pénétrai, une jeune femme que je présumai devoir être mademoiselle Laure de L***.

Deux vieilles commères, agenouillées aux pieds du fauteuil dans lequel reposait la malheureuse cousine du comte de L***, lui faisaient respirer des sels et lui parlaient, tout en frappant dans ses mains, sans en obtenir de réponse.

Je hais l'exagération, ainsi qu'ont dû s'en apercevoir souvent les lecteurs de ces mémoires ; cependant il m'est impossible de trouver en ce moment une formule pour rendre l'admiration profonde que je ressentis en contemplant la beauté de cette jeune fille. Je ne crois pas que la nature ait jamais produit rien de plus complet.

— Que désires-tu, citoyen ? me demanda une des deux vieilles.

— Parler au citoyen président du district, répondis-je.

Il est absent, et il ne rentrera guère avant une heure.

— C'est bien, je reviendrai ; mais dis-moi donc, citoyenne, est-ce que cette jeune femme n'est pas malade ? Sa pâleur inouïe et l'immobilité de son corps ont quelque chose qui effraie. Je possède quelques notions de médecine ; si tu as besoin de moi, tu n'as qu'à parler, je suis à tes ordres.

— Je te remercie, me répondit la vieille femme, et j'accepte ton offre avec plaisir. Voici le fait, en deux mots. Cette jeune citoyenne, mariée seulement depuis huit jours...

— Ah ! la citoyenne est mariée depuis huit jours. Elle me paraît bien jeune pour avoir un mari.

— Mais non, elle a près de dix-sept ans, et puis, quand le cœur est pris, on est toujours pressé d'épouser celui qu'on aime. Cette citoyenne donc est mariée depuis huit jours. Or, une heure après être sortie de la municipalité, elle est tombée dans une attaque de nerfs qui a duré sans presque discontinuer jusqu'à hier au soir. Ce matin, une langue bavarde lui a appris une mauvaise nouvelle qui l'a assez vivement contrariée, et...

— Quelle mauvaise nouvelle, citoyenne ?

— Est-ce qu'en ta qualité de médecin tu as besoin de connaître les affaires de tes malades, me demanda la vieille femme en me regardant d'un œil méfiant.

— Leurs affaires, non, répondis-je, mais les motifs qui ont pu leur procurer une vive émotion, oui ; cela m'est, en effet, tout à fait nécessaire, afin que je puisse juger, par le plus ou le moins de gravité de la chose, de l'ébranlement qu'a dû éprouver le système nerveux du malade!... Après tout, si tu me prends pour un curieux, suppose que je n'ai rien dit et au revoir.

— Je comprends, me répondit la vieille d'un ton capable. Eh bien! voilà la chose : ce qui a fort suffoqué cette jeunesse, c'est qu'elle a appris que son père a été guillotiné il y a aujourd'hui de cela une semaine, le jour même et juste à l'heure où elle se mariait!

Que l'on juge de la navrante émotion que me causèrent ces paroles! Cependant j'eus assez de présence d'esprit et d'empire sur moi-même pour dissimuler le coup violent que je venais de recevoir.

Sentant toutefois que, si j'essayais de parler, le tremblement de ma voix trahirait mon émotion, je m'avançai lentement vers le fauteuil où reposait mademoiselle de L***, et, prenant le bras de l'infortunée jeune personne, je me mis à lui tâter le pouls avec toute la gravité d'un praticien consommé; ce pouls était tellement faible, si insensible, que je crus un moment qu'il avait cessé de battre.

— Est-ce immédiatement après qu'elle a eu appris la mort tragique de son père que cette femme est tombée dans cette espèce de léthargie? demandai-je à la vieille.

— Oui, citoyen, me répondit-elle.

— Réfléchis bien, je te prie, avant de répondre, car la question que je t'adresse en ce moment est fort grave, repris-je en insistant; cette jeune femme n'est-elle pas restée seule un moment! n'a-t-elle prononcé aucune parole?

— Non, vraiment, elle n'a rien dit; elle s'est contentée de pousser un cri et de porter à sa bouche un petit flacon qui contenait sans doute une potion ordonnée par le docteur qui la soigne; puis, après avoir avalé le contenu de cette fiole, elle s'est assise dans ce fauteuil, en nous faisant signe de la main que nous eussions à nous éloigner; un quart d'heure plus tard, elle était telle que tu la vois à présent, citoyen, c'est-à-dire semblable à une morte!

— Et cette fiole dont l'infortunée a bu le contenu, où est-elle? l'avez-vous conservée?...

— Cette fiole s'est cassée en tombant des mains de la citoyenne par terre, et nous en avons balayé les morceaux, me répondit la vieille.

— Eh bien, fais-moi le plaisir d'aller me chercher de suite ces morceaux, m'écriai-je; tâche surtout de te procurer l'étiquette qui devait être attachée après.

Une des deux vieilles, celle qui ne m'avait pas encore adressé la parole, sortit en grognant et revint au bout d'une minute.

— Voici les morceaux que tu désires voir, citoyen, me dit-elle; quant à l'étiquette, je l'ai retrouvée entière et je te l'apporte également.

Je saisis vivement ce dernier objet.

Que le lecteur juge de mon désespoir lorsque je lus, en caractères imprimés : Usage externe; puis un peu plus bas, et écrits à la main, ces deux mots terribles : Laudanum Rousseau!

— Mais, misérables, m'écriai-je en m'adressant furieux aux deux vieilles commères qui reculèrent avec épouvante, mais, misérables, vous ne savez donc pas que votre maîtresse est empoisonnée...

— La citoyenne s'est empoisonnée!...

— Mais oui, mille fois oui! Et, au lieu de courir chercher un médecin, vous la laissez tranquillement mourir!... Allons vite, du café très-fort d'abord et des sinapismes à la moutarde. Et toi, envoie quelqu'un, car tu n'irais pas assez vite, prévenir en toute hâte un médecin.

— Dame! citoyen, me répondit la vieille qui depuis mon entrée m'avait constamment adressé la parole, si cette citoyenne s'est empoisonnée, c'est qu'elle a probablement assez de la vie... c'est là une affaire qui ne nous regarde pas.

— Infâme sorcière! tu mériterais que...

— Ne te fâche pas, citoyen; si tu savais, comme moi, le fin mot de la chose, l'intérêt que tu portes à cette belle enfant ne serait pas si vif, et tu la laisserais, sans plus t'en occuper, digérer son poison tout à son aise... Oh! t'as pas besoin de rouler ainsi des yeux... Je suis la tante du citoyen Durand, moi, de Durand, le président du district! rien que ça; causons donc de bonne amitié. Pour en revenir à cette jeunesse, figure-toi que mon neveu s'est amouraché d'elle, je ne sais pas trop pourquoi, que c'est pitié. Et pourtant cette femme est tout bonnement la fille de l'ex-marquis de L***.

— Et c'est ce ci-devant qui a été guillotiné il y a huit jours?

— Lui-même. Dame! tu conçois que la faiblesse a ses limites. Mon neveu veut bien accabler sa femme de prévenances, la combler de bienfaits, mais il est avant tout bon patriote, et, malgré l'amour ridicule qu'il porte à cette fille, il n'est pas encore tombé à ce degré d'abaissement de consentir à devenir le gendre d'un ci-devant. Le jour de son mariage, il a donc eu le bon esprit de faire guillotiner son beau-père.

La tante du citoyen Durand eût pu parler longtemps sans que j'eusse songé à l'interrompre.

L'indignation profonde, l'horreur sans bornes que cet aveu me causa, m'avaient pour ainsi dire anéanti.

J'étais encore sous cette impression, lorsque le médecin arriva. C'était, — un simple coup d'œil me suffit pour en juger, — un de ces ignorants fraters de village dont la prétendue science est plus dangereuse que la maladie elle-même. Toutefois, malgré son ignorance, il reconnut dans mademoiselle de L*** tous les symptômes d'un empoisonnement. Il ordonna, ainsi que je l'avais fait, du café et des sinapismes, et s'en fut en promettant de revenir avant la fin du jour.

Quant à moi, craignant que l'horrible et méchante tante du président du district, qui, je l'avais compris tout de suite, tremblait que la passion de ce dernier pour mademoiselle de L*** n'affaiblît l'influence qu'elle exerçait elle-même sur l'esprit de son neveu, quant à moi, dis-je, craignant qu'elle ne laissât mourir l'infortunée fille du marquis faute de soins, je m'installai sans façon dans la maison, et me mis à préparer les prescriptions du docteur.

Avant tout, j'ordonnai que mademoiselle L*** fût transportée dans son lit.

Je venais de verser le café dans une tasse, et je me disposais à aller trouver mademoiselle de L***, lorsque le citoyen Durand arriva.

Il était sorti depuis le matin, et ignorait totalement le fatal accident survenu à sa victime.

Sa première parole fut non pour la pitié, mais pour la rage.

— Ah! la misérable! s'écria-t-il d'une voix rauque et avinée, c'est ainsi qu'elle me remercie d'avoir bien voulu descendre jusqu'à elle et de lui avoir donné mon nom! Race de vipères que celle de ces aristocrates! Ils sont tous les mêmes! Que le diable m'emporte si je me dérange pour cette duchesse! Elle veut mourir; eh bien, qu'elle meure! Ça ne me regarde pas!

Dire l'indignation que me causa un pareil langage me serait chose impossible : un nuage de sang me passa devant les yeux, et j'eus toutes les peines du monde à me retenir de me jeter sur ce monstre et de le fouler sous mes pieds; l'idée seule que si j'étais arrêté c'en était fait du jeune comte de L*** me retint.

— Que me veux-tu, citoyen officier? murmura alors le président du district en se retournant vers moi et en me regardant d'un air insolent et méfiant tout à la fois.

— Je viens, lui répondis-je, en l'absence du commissaire des guerres, te porter ma feuille de route à viser.

— Est-ce que cela me regarde! s'écria-t-il; une fois chez

moi, je cesse d'appartenir à l'État et je redeviens un simple particulier.

Adresse-toi au district même. Les bureaux sont ouverts jusqu'à la nuit; tu y trouveras encore le secrétaire. Allons, va-t'en !

— Sais-tu bien, citoyen, lui répondis-je, que tu as une façon de t'exprimer qui ne me convient nullement. La grossièreté et le sans-façon que tu déploies, en t'adressant à un défenseur de la patrie, me donnent, je ne te le cacherai pas, fort mal à penser de ton patriotisme.

Après tout, un drôle de ton espèce, qui de gueux est devenu si promptement riche, et qui courtise aujourd'hui les filles des aristocrates, ne doit pas voir d'un bon œil les soldats de la République qui viennent de verser leur sang à la frontière en combattant l'étranger.

Tu rêves une nouvelle aristocratie dont tu espères faire partie, cela se voit... Je dirai deux mots sur ton compte à mon cousin de la Convention... Adieu !

A cette réponse, faible vengeance que je tirais de ce monstre que j'eusse voulu pouvoir poignarder, le citoyen président du district perdit toute son assurance et changea complètement de ton.

— Mais, citoyen, me dit-il d'une voix mielleuse, je t'assure que tu te trompes étrangement sur mon compte. Si je t'ai répondu avec un peu de brutalité, c'est que ma bonne et excellente épouse se trouve à toute extrémité, et que je n'ai plus la tête à moi.

J'aurais bien désiré rester plus longtemps, afin de m'assurer que mademoiselle de L*** ne manquait de rien, mais craignant, d'un autre côté, d'éveiller les soupçons du citoyen Durand, je dus me résoudre à m'éloigner.

Au lieu de me rendre au district, je redescendis dans le bas faubourg de la ville, et pris une chambre à l'auberge du Niveau-Egalitaire, car il était possible que le jeune comte de L*** arrivât le jour même, et je tenais à lui annoncer, avec tous les ménagements possibles et avant de le laisser s'engager dans aucune démarche, les tristes accidents qui avaient eu lieu, c'est-à-dire l'exécution de son oncle et l'empoisonnement de sa cousine.

J'étais tristement accoudé à la fenêtre de ma chambre qui donnait sur la grande route, et je réfléchissais avec un abattement profond à ce déplorable degré d'abaissement auquel les gens se prétendant républicains avaient réduit notre pauvre France, lorsque je crus reconnaître tout à coup, dans la personne d'un paysan qui se dirigeait à grands pas vers l'auberge, le comte de L*** ; je ne me trompais pas.

Laissant mon sac sur une chaise, et oubliant même dans ma précipitation de prendre mon chapeau, je franchis l'escalier en deux bonds et me précipitai en courant à la rencontre du proscrit.

— Ah ! vous voici, m'écriai-je en l'embrassant avec tendresse, quelle imprudence d'arriver ici en plein jour !... Je ne vous attendais pas avant demain soir.

— Le fait est, me répondit-il tout en essuyant avec son mouchoir la sueur qu'une marche forcée faisait perler sur son front, le fait est que quand vous m'avez quitté, avant-hier, j'étais encore bien faible ; mais, que voulez-vous, l'inquiétude et l'incertitude qui me dévoraient étaient telles que j'ai dû me mettre de suite en route sous peine, si je tardais davantage, de me voir terrassé de nouveau par la fièvre et dans l'impossibilité d'agir ! Comme j'arrive presque en même temps que vous, je ne vous demanderai pas si vous avez appris quelques nouvelles concernant ma cousine, car il est peu probable que vous ayez eu déjà le temps nécessaire d'agir.

— Vous vous trompez, mon cher ami, lui répondis-je d'une voix pleine de larmes, j'ai des nouvelles, et même de bien tristes nouvelles à vous donner.

— Parlez, s'écria le jeune homme qui pâlit et rougit coup sur coup.

— Pas ici ! Ce serait attirer l'attention du public et nous perdre ! Suivez-moi à mon auberge.

— Mais, enfin, expliquez-moi de grâce...

— Rien du tout, je vous le répète, suivez-moi à distance, et ne m'adressez pas la parole jusqu'à ce que nous soyons arrivés.

Deux minutes plus tard nous nous trouvions enfermés tous les deux dans ma chambre. Je pris une chaise et, m'asseyant auprès du jeune homme qui s'était laissé tomber avec accablement sur mon lit, et qui, à son tour, n'osait plus m'interroger :

— Mon cher monsieur, lui dis-je avec un attendrissement que je ne pus cacher, vous engagez-vous sur l'honneur à faire tous vos efforts pour supporter en homme de cœur, et sans vous abandonner au découragement, les affreuses nouvelles que je vais vous communiquer ?

— Je vous le jure, me répondit-il avec une fermeté et un sang-froid auxquels je ne m'attendais pas. Parlez sans crainte ! Je suis payé pour savoir que je vis sous une république démocratique ; or, sous un pareil régime, ne doit-on pas s'attendre à tout ! Ma cousine n'est plus, n'est-ce pas ?

— Mademoiselle de L*** vit encore, mais je ne dois pas vous cacher que son état me semble à peu près désespéré.

— Je comprends. Le malheur qui l'accablait l'a emporté un moment en elle sur la religion : elle s'est suicidée.

— Oui, répondis-je d'une voix tellement étouffée que le jeune homme comprit plutôt mon geste qu'il n'entendit ma parole. Mais, hélas ! continuai-je après un léger silence, ce n'est pas tout.

— Ah ! ce n'est pas tout ! répéta le comte de L*** en conservant toujours le même sang-froid, la même impassibilité. Que peut-il donc y avoir de plus ?

— Vous oubliez, cher et malheureux ami, votre oncle le marquis...

— C'est vrai. Eh bien ! il s'est tué aussi ?

— Non, mais il a été assassiné par la main du bourreau !.. Sa tête tombait au moment même que sa fille, votre cousine, épousait le citoyen Durand.

— Excellent oncle ! dit tranquillement le comte de L***, le voilà du moins à présent heureux ! Et penser qu'il a été dans sa jeunesse un des plus grands admirateurs du dictionnaire des Encyclopédistes ; il a toujours particulièrement affectionné les ouvrages du citoyen de Genève, Jean-Jacques Rousseau !...

J'avouerai qu'en présence de cette indifférence si extraordinaire que montrait le comte de L***, en apprenant les deux affreux malheurs qui venaient de s'abattre sur sa famille, je sentis un frisson glacial me passer à travers le corps.

— Mon ami, lui dis-je, que ma présence ne vous gêne en rien dans l'expression de votre douleur ! Pleurez sans crainte ; je mêlerai mes larmes aux vôtres : nous souffrirons ensemble !

— Je vous remercie beaucoup, mon cher monsieur, me répondit-il froidement, de l'intérêt que vous daignez me montrer. Je vous assure que mon calme n'a rien d'affecté, je ne souffre pas.

Je regardai alors le jeune homme avec une surprise mêlée de frayeur, car je me figurai un moment que sa raison, ébranlée par un choc trop violent, avait cessé d'agir ; mais rien dans cet examen ne vint confirmer ma crainte.

— Ma foi, je ne vous comprends plus ! m'écriai-je. Votre conduite et votre attitude forment pour moi un mystère qui dépasse ma raison.

— Ma conduite est fort simple et fort logique, cependant ; les liens qui m'attachaient et me retenaient à la vie étant brisés, je ne me considère plus comme appartenant à la terre, et les douleurs humaines passent sans pouvoir y atteindre au-dessus de mon immortalité.

Demain, au plus tard, j'aurai rejoint ma cousine et mon oncle. Or, qu'est-ce qu'une attente de quelques heures en regard de l'éternité? Rien.

Adieu, cher ami. Tenez, prenez ces deux cents louis dont je n'ai plus besoin. Vous êtes bon et sensible, cet argent vous servira à soulager des malheureux, le choix ne manque pas en France.

Si vous rencontrez un prêtre non assermenté sur votre route, priez-le de dire quelques messes pour le repos de mon âme. Embrassons-nous, et, encore une fois, adieu.

Le jeune comte de L*** sortit alors une paire de pistolets à double canon de ses poches, en examina avec soin les amorces, et se dirigea vers la porte sans ajouter un mot.

XIII

Ce ne fut qu'au moment où le jeune homme tourna la clé dans la serrure pour ouvrir, que je songeai à m'opposer à sa sortie de ma chambre; car jusqu'alors son sang-froid m'avait dominé au point de m'ôter la réflexion.

— Qu'allez-vous faire, malheureux! lui dis-je en me précipitant vers lui et en le saisissant par le bras; vous perdre sans ressource et sans fruit pour personne!

— Laissez-moi, mon ami, me répondit-il en essayant de se dégager doucement de mon étreinte. Vos exhortations et vos remontrances ne peuvent rien sur ma résolution. Ma destinée est écrite au ciel : il faut qu'elle s'accomplisse.

— Prenez garde, mon ami, m'écriai-je en le retenant toujours, voilà que vous tombez dans le blasphème. Quoi! pouvez-vous croire qu'un crime, — et c'est là ce que vous méditez, — soit écrit au ciel! Que vous soyez la proie du bourreau, que des tigres ivres de carnage versent votre sang au nom de la fraternité et de la liberté, ce sera certes là un grand malheur, sans doute, mais au moins vous tomberez dans votre honneur et dans votre innocence...

— Mon cher monsieur, me répondit lentement et toujours avec son même sang-froid le comte de L***, je vous répète que les considérations humaines n'ont plus prise sur moi... Je poursuis un but que je dois, que je veux atteindre avant de mourir. J'écarterai donc violemment et sans pitié tout obstacle qui se dresserait entre ma volonté et ce but.

— C'est une menace, comte?

— Non, mon ami, ce n'est pas là une menace que je vous fais, c'est un avertissement que je vous donne. Je vous estime et je vous aime; mais, si vous vous obstiniez à vous opposer à mon départ, je me trouverais dans la dure nécessité de vous brûler la cervelle.

Je sentis, à cette réponse que je méritais si peu, le sang me monter au visage, et, me retirant devant la porte :

— Vous comprenez, monsieur, lui dis-je, que dans votre position de proscrit et de mis hors la loi toute rencontre entre vous et moi est impossible. Victorieux ou vaincu vous seriez fatalement victime. En faveur de votre faiblesse, je dois vous pardonner votre injure : vous êtes libre, sortez.

— Bon et excellent ami, s'écria le jeune homme d'une voix émue! Je vous supplie de vouloir bien m'excuser! Désirez-vous que je vous demande pardon à deux genoux de mes menaces et de ma violence : je le ferai! Je vous répète que je n'appartiens plus à la terre! Tout m'est indifférent, hormis la vengeance. Vous auriez donc tort d'attacher à mes paroles un sens ou une intention qu'elles n'ont pas! Je devais cette explication à votre loyauté et à votre honneur. A présent et pour la dernière fois, adieu!

— Non! je ne vous laisserai pas courir ainsi follement à la mort, m'écriai-je avec un attendrissement plein d'enthousiasme; puisque mes exhortations et mes remontrances ne peuvent rien sur vous, eh bien, je vous accompagnerai, je partagerai vos dangers.

— Vous auriez tort, me dit tranquillement le jeune homme, dont l'émotion passagère avait déjà disparu, d'abord, parce que vous vous devez à votre famille, ensuite parce que votre concours ne me servirait à rien!... Croyez-moi, ce que vous avez de mieux à faire, c'est d'oublier que le hasard vous a placé sur ma route, et d'oublier jusqu'à mon nom.

— Je vous ai rendu votre liberté, lui répondis-je; il me semble juste que vous me laissiez, en retour, agir à ma guise. J'ai dit que je vous suivrais, que je ne vous abandonnerais pas : eh bien! ce que j'ai dit je le ferai!

— Soit, me répondit sur le même ton le jeune homme, je n'insiste plus. Permettez-moi, toutefois, de vous adresser une dernière prière : celle de me suivre de loin et de façon que ceux qui nous rencontreront ne s'aperçoivent pas que nous sommes ensemble.

— Je le veux bien. Sortons.

Le comte de L*** passa le premier; puis, une fois qu'il fut dans la rue, je descendis à mon tour, et me mis à régler mon pas sur le sien, en conservant toujours une distance égale entre nous deux.

Soeaux, typographie de E. Dépée.